Ciência

F876c   French, Steven.
        Ciência : conceitos-chave em filosofia / Steven French ; tradução
        André Klaudat. – Porto Alegre : Artmed, 2009.
        156p.; 23 cm.

        ISBN 978-85-363-1717-5

        1. Filosofia. 2. Filosofia como ciência. I. Título.
                                                            CDU 101

Catalogação na publicação: Renata de Souza Borges CRB-10/Prov-021/08

Ciência

CONCEITOS-CHAVE EM FILOSOFIA

Steven French
Professor of the Philosophy of Science
at the University of Leeds, Inglaterra.

Consultoria, tradução e supervisão desta edição:
André Klaudat
Doutor em Filosofia pelo University College London. Mestre pela UFRGS.
Professor de Filosofia na Graduação e na Pós-Graduação da UFRGS.

2009

Obra originalmente publicada sob o título *Science: Key Concepts in Philosophy*
ISBN 9780826486554

© 2007 The continuum International Publishing Group, London, United Kingdom.
All rights reserved.

This translation published by arrangement with The Continuum International
Publishing Group, London, United Kingdom.
All rights reserved.

Capa:
Paola Manica, arte finalizada por Henrique Chaves Caravantes

Ilustração da capa:
Getty Images

Preparação do original
Elisângela Rosa dos Santos

Supervisão editorial
Mônica Ballejo Canto

Projeto e editoração
Armazém Digital Editoração Eletrônica – Roberto Carlos Moreira Vieira

Reservados todos os direitos de publicação, em língua portuguesa, à
ARTMED® EDITORA S.A.
Av. Jerônimo de Ornelas, 670 - Santana
90040-340 Porto Alegre RS
Fone (51) 3027-7000 Fax (51) 3027-7070

É proibida a duplicação ou reprodução deste volume, no todo ou em parte, sob quaisquer formas ou por quaisquer meios (eletrônico, mecânico, gravação, fotocópia, distribuição na Web e outros), sem permissão expressa da Editora.

SÃO PAULO
Av. Angélica, 1091 - Higienópolis
01227-100 São Paulo SP
Fone (11) 3665-1100 Fax (11) 3667-1333

SAC 0800 703-3444

IMPRESSO NO BRASIL
PRINTED IN BRAZIL
Impresso sob demanda na Meta Brasil a pedido de Grupo A Educação.

Agradecimentos

Este livro sofreu na sua gestação: dificultado e encurtado pela administração departamental, posto em fogo brando na medida em que outros projetos tiveram prioridade e ferido por uma falha quase catastrófica de um *pen drive*. Que ele tenha chegado ao catálogo é prova do apoio e dos poderes de persistência. Que eu tenha continuado, apesar de todos os obstáculos – alguns autoerigidos –, deve-se ao amor, ao apoio e à tolerância de minha família, Dena e Morgan. E que ele tenha a forma e o conteúdo que tem deve-se aos muitos estudantes de primeiro ano da Universidade de Leeds, a quem infligi este material ao longo do anos. Eu gostaria de agradecer a todos eles, assim como aos meus colegas e ao pessoal do departamento, especialmente a Kate, quem tornou possível que eu escrevesse este livro. Gostaria sobretudo de dizer um forte muito obrigado a todos os estudantes de pós-graduação que me substituíram em aulas e aos meus antigos alunos e colegas que também ensinaram, em vários períodos, no módulo "Como a ciência funciona": Otávio Bueno, Angelo Cei, Anjan Chakravartty e Grant Fisher. Eu tenho com vocês uma enorme dívida (mas não irei resgatá-la com uma participação nos *royalties*!).

Sumário

1. INTRODUÇÃO 9
2. DESCOBERTA 16
3. HEURÍSTICA 31
4. JUSTIFICAÇÃO 49
5. OBSERVAÇÃO 66
6. EXPERIMENTO 75
7. REALISMO 92
8. ANTIRREALISMO 105
9. INDEPENDÊNCIA 124
10. PARCIALIDADE DE GÊNERO 139

APÊNDICE 153
LEITURA COMPLEMENTAR 155

1
Introdução

É sempre bom começar um livro como este com uma declaração com a qual certamente todos concordarão: como um fenômeno cultural, a ciência tem tido um impacto nas nossas vidas maior do que qualquer outro. Poderíamos simplesmente listar somente os derivativos tecnológicos: a engenharia genética, as armas nucleares, a cura para o câncer de ovário, o *laptop* no qual estou escrevendo este texto, o forno de micro-ondas no qual preparo meu jantar, o *iPod* no qual escuto minhas músicas (fora de moda)... E, é claro, o modo como essas tecnologias derivaram da ciência é um tópico interessante por si mesmo, o qual não teremos tempo de tratar aqui. Contudo, para além dos benefícios práticos, há o modo profundo como a ciência formou e mudou nossa visão do mundo e do nosso lugar nele: pense na teoria da evolução e na maneira como ela transformou a compreensão que temos das nossas origens. Considere o posterior – e relacionado – desenvolvimento da teoria da genética e como isso transformou não só nossa compreensão de uma gama de doenças e de distúrbios, mas também a nossa visão do nosso comportamento, das nossas atitudes e de nós mesmos. Ou pense na física quântica e na afirmação de que a realidade é fundamentalmente aleatória; ou na teoria da relatividade de Einstein, de acordo com a qual o tempo passa mais devagar quanto mais rápido nos movemos, e o espaço e o tempo são substituídos pelo espaço-tempo, que é curvo e distorcido pela presença da matéria.

A ciência é um fenômeno impressionante e tem tido um impacto enorme sobre a sociedade humana por centenas de anos. Como ela funciona? Como os cientistas fazem as coisas que fazem? Como eles produzem as suas teorias? Como eles as testam? Como eles derivam conclusões dessas teorias a respeito de como o mundo pode ser? Essas são as questões que examinaremos aqui.

Como deveríamos proceder para respondê-las? Como deveríamos proceder para descobrir como a ciência funciona?

Uma maneira de proceder seria prestar atenção ao que os próprios cientistas dizem a respeito do seu trabalho, isto é, ouvir os cientistas. O problema é que muitas vezes eles têm visões muito diferentes, e algumas vezes completamente contraditórias, a respeito de como a ciência funciona. Considere-se, por exemplo, uma declaração aparentemente bastante plausível: "A ciência é uma estrutura construída sobre fatos".[1] Assim seria como talvez muitos de nós começariam por caracterizar a ciência. É certamente o que a torna distinta e diferente de certas outras atividades como as artes, a poesia ou, talvez de modo mais controverso, a religião. Mas agora considere a advertência de Ivan Pavlov, famoso por seus experimentos com cães salivantes (que demonstraram como certas formas de comportamento podem ser provocadas por estímulos apropriados): "Não se tornem arquivistas de fatos. Tentem penetrar no segredo das suas ocorrências, pesquisem persistentemente as leis que os governam".[2] Ora, isso pode não parecer estar em conflito direto com a declaração anterior; afinal, Pavlov está simplesmente nos pedindo para que não fiquemos obcecados com o coletar de fatos, que em vez disso pesquisemos as leis que lhes dão sustentação, e que isso pode ser tomado como consistente com a afirmação de que a ciência está construída sobre esses fatos (podemos ver os fatos como assentados na base de uma espécie de pirâmide conceitual com leis teóricas, talvez assentadas no topo). W.L. Bragg, que realizou um trabalho fundamental com o uso de raios X para revelar a estrutura dos materiais (parte dele feito próximo do meu lugar de trabalho na universidade de Leeds), foi um pouco mais longe ao insistir que "A coisa importante na ciência não é tanto obter novos fatos, mas descobrir novas maneiras de pensar a respeito deles".[3]

Esse tipo de visão adapta-se bem à concepção de que "fatos" científicos são sólidos como pedra em algum sentido e de que eles sustentam a alardeada objetividade da ciência. Mas daí temos Stephen Jay Gould, o bem-conhecido professor de geologia e zoologia, defensor da teoria da evolução e comentador da ciência: "Na ciência, 'fato' pode somente significar 'confirmado em um tal grau que seria perverso não dar um assentimento provisório'. Eu suponho que maças poderão começar a subir amanhã, mas a possibilidade não merece um mesmo tempo nas salas de aula de física".[4] Isso sugere que os "fatos" não devem ser tomados como a terra firme da estrutura da ciência. Na visão de Gould, eles são o tipo de coisa a respeito da qual podemos dar ou negar assentimento e, nesse dar ou retirar, seus estatutos podem mudar: o "fato" de ontem pode tornar-se o mal-entendido, a má-interpretação ou o erro completo. Voltaremos a esse assunto nos Capítulos 4, 5 e 6.

Mais radicalmente talvez, Einstein sustentou o seguinte: "Se os fatos não se adaptam à teoria, mude os fatos". O que ele quer dizer é que, em alguns casos, nossa crença de que uma dada teoria é correta ou verdadeira é tão forte que, se os "fatos" não se adaptam, deveríamos concluir que há algo de errado com eles, e não com a teoria. E, obviamente, há exemplos da história da ciência de teorias que eram tão bem-aceitas que a primeira (e a segunda e a terceira...)

reação a um fato experimental aparentemente anômalo seria a de questionar o fato (ou o experimentador que o produziu!). Alguns cientistas e filósofos da ciência abominariam tal atitude, argumentando que permitir que as teorias se tornem tão bem-aceitas seria soar o toque de morte da própria ciência.

Isso pode ser um pouco melodramático, mas certamente podemos entender a preocupação: como a ciência pode progredir se certas teorias se tornam tão bem-estabelecidas de modo que sejam vistas como quase invioláveis? Eu não penso que isso realmente aconteça na prática; ao contrário, fatos que não se adaptam a tais teorias são submetidos a um exame extracrítico; porém, se eles sobreviverem a isso, então a teoria em si mesma poderá passar a ser vista como falha. Contudo, a situação não é tão simples como Einstein, de novo, parece pensar, de acordo com a seguinte afirmação atribuída a ele: "Nenhuma quantidade de experimentos pode provar que estou certo; um único experimento pode a qualquer momento provar que estou errado". Essa é uma visão – conhecida como "falseacionismo" – que sustenta que o papel crucial dos fatos não é dar suporte às teorias, mas refutá-las e falsificá-las, pois dessa maneira a ciência pode progredir – ao que voltaremos novamente nos capítulos subsequentes; por ora, notemos apenas como Einstein parece contradizer-se! Um outro grande físico, Richard Feynman, assim expressou o que ele via como a influência mútua entre teoria e experimento:

> O jogo que jogo é muito interessante. É a imaginação numa camisa-de-força, que é a seguinte: que ela deve concordar com as leis conhecidas da física... É preciso imaginação para pensar o que é possível, e então é preciso uma análise de volta, examinando para ver se se adapta, se é permitido, de acordo com o que é conhecido, certo?[5]

Voltando à nossa questão de como a ciência funciona, eu sugeriria que uma melhor maneira de lidar com ela é olhar a prática científica em si mesma. Sem dúvida, essa é complexa, multifacetada e simplesmente confusa; porém, em vez de considerarmos como os cientistas pensam que a ciência funciona, deveríamos olhar para o que eles *fazem*. Isso introduz uma outra questão a respeito de como deveríamos fazê-lo.

Alguns filósofos e sociólogos da ciência têm sugerido que, se quiséssemos saber como a ciência funciona, deveríamos de fato ir a um laboratório, ou ao escritório de um cientista teórico, e observar como a ciência é realmente praticada. Essa é uma sugestão interessante, e alguns sociólogos de fato conceberam uma observação de cientistas experimentais em laboratórios como se fossem antropólogos observando os rituais e os comportamentos de alguma tribo com uma cultura muito diferente da nossa. De modo característico, tais sociólogos têm insistido que eles lá entraram sem convicções prévias, ou, ao contrário, que registraram suas observações como se não tivessem nenhuma convicção prévia a respeito do trabalho que era realizado no laboratório.

Mas é claro que isso não faz sentido: convicções prévias não podem simplesmente ser deixadas na porta de entrada, e nem mesmo os antropólogos agem dessa forma. Além disso, o procedimento que adotamos para examinar a prática científica pode depender das questões que queremos perguntar. Como veremos, a questão básica posta aqui, sobre como a ciência funciona, será desmembrada numa série: Como as teorias são descobertas? Como elas recebem suporte, ou não, das evidências? O que elas nos dizem sobre o mundo, se é que dizem alguma coisa? Quais são os papéis desempenhados pelos fatores sociais e políticos na prática científica? Excetuando-se a última, não é claro como simplesmente observar os cientistas em seus *habitats* naturais poderia lançar alguma luz sobre esses tópicos.

E, finalmente, a maioria de nós não tem inclinação nem tempo para seguir tal caminho (se estiver interessado em como um exercício similar pode ser levado a cabo por um filósofo da ciência, considere o relato de um bem-conhecido filósofo do seu tempo, em um laboratório de física de altas energias, no livro *Explicando a ciência*,[6] de Giere; você poderá questionar em que medida tal procedimento realmente ilumina a prática científica). Em vez disso, analisaremos estudos de casos, alguns retirados da história da ciência, outros retirados do nosso próprio exame de livros de notas, registros e papéis de cientistas na ativa. Com base em tal exame, poderemos descrever ao menos certo aspecto da prática científica e, com isso em mãos, poderemos começar a formular uma resposta para as questões apresentadas.

Eu não tenho espaço aqui para examinar uma grande quantidade de detalhes desses estudos de caso, mas eu me basearei em certos episódios bem-conhecidos (e talvez não tão bem-conhecidos) da prática corrente e passada para ilustrar o que desejo mostrar. É claro que vocês, leitores, poderão pensar que minhas descrições desses episódios são muito grosseiras, muito fragmentadas ou mesmo muito obscuras para o propósito de serem iluminadoras (estou certo de que colegas na história da ciência pensarão dessa forma); isso está bem, e eu espero que, se vocês pensarem que esse é o caso, então sejam encorajados a examinar esses estudos de caso vocês mesmos. As afirmações que faço neste livro não são de maneira nenhuma definitivas; há muito mais a ser feito e desenvolvido, e eu espero que leitores e estudantes que usarem este livro possam colaborar para esses novos desenvolvimentos.

Há um ponto final antes de passarmos aos tópicos: alguns poderão insistir que a questão realmente importante não é como a ciência funciona, mas como ela *deveria* funcionar. Em outras palavras, o que deveria ocupar filósofos da ciência e comentadores em geral não é meramente descrever o que os cientistas fazem, como eles produzem suas teorias e as testam, etc., mas especificar efetivamente o que eles deveriam estar fazendo ao estabelecer certas *normas* para o que conta como boa ciência, por exemplo.

Durante muitos anos, particularmente na primeira metade do século XX, isso foi considerado um objetivo aceitável para a filosofia da ciência. Muitos filósofos e comentadores da ciência viam-se envolvidos na tarefa de explicitar o que contava como boa ciência, de delimitá-la da má ou falsa ciência e de efetivamente dizer aos cientistas o que eles deveriam fazer a fim de produzir boa ciência. Mas vocês poderão perguntar de imediato: "O que lhes dá esse direito?". Em que bases podem os filósofos e outros (mas especialmente os *filósofos*!) dizer aos cientistas como eles deveriam realizar seu trabalho? Podemos tirar a força dessas questões e expressões de indignação ao lembrar que por centenas de anos a ciência não era vista como distinta da filosofia, que ela era de fato chamada de "filosofia natural" e que foi somente no final do século XIX e nos primórdios do XX que o enorme impacto cultural da ciência, através da tecnologia e de outros meios, tanto quanto seu potencial transformador, começaram a se tornar aparentes. É um pouco de exagero grosseiro, mas não tão distante da verdade, dizer que foi somente com a demonstração do potencial da ciência para a guerra, para o desenvolvimento de novas armas, de novas defesas, e assim por diante, que governos e políticos em geral começaram a levá-la a sério e digna de financiamentos significativos.

Deixando de lado o impacto tecnológico e material da ciência, e considerando somente as transformações conceituais que ela promoveu, ou as mudanças para a nossa visão de mundo, mesmo aqui a ciência não era vista como algo especial ou com autoridade. Podemos voltar no tempo e olhar os grandes debates no século XIX que se seguiram à publicação da *Origem das espécies*, de Darwin – debates que ainda ecoam através dos anos – para ver como a ciência, ou ao menos essa faceta dela, foi atacada. Ou tome-se um evento "icônico" na história da ciência do século XX, ao qual voltaremos nos próximos capítulos – a observação do astrônomo britânico Eddington da "curvatura" da luz das estrelas em volta do sol, o que confirmou a afirmação de Einstein de que o espaço-tempo poderia ser curvo e distorcido por corpos muito grandes (como estrelas). Por razões que mencionarei posteriormente, essa aparente confirmação de uma teoria tecnicamente difícil e conceitualmente desafiadora na física tornou-se *a* notícia quente do dia, chegando às manchetes dos mais importantes jornais, levando Einstein do *status* de um obscuro físico suíço-alemão a um representante de cabelos enlouquecidos da ciência em geral. Contudo, as teorias de Einstein eram rejeitadas, muitas vezes com desprezo, por muitos comentadores (até mesmo os cientistas eram cautelosos, e é digno de nota que ele não recebeu o Prêmio Nobel por sua teoria da relatividade, mas por seu trabalho anterior sobre um aspecto da física quântica). De fato, um grupo famoso de filósofos reuniu-se nos anos 1920 e publicou um panfleto desautorizando as teorias de Einstein como claramente falsas, já que nossas concepções de espaço e tempo estavam conectadas com a própria estrutura mental através da qual compreendemos o mundo e atribuímos sentido a ele; além disso, nessa estrutura, o espaço e o tempo simplesmente não podiam ser "curvos". Einstein se importou menos com essas afirmações (ele famosamente respondeu com a seguinte observação, consistente com a atitude falseacionista antes observada: "Se eu estiver errado, um experimento será suficiente") do que com ataques antissemitas de certos simpatizantes nazistas, mas elas ilustram como mesmo o que nós hoje consideramos como avanços científicos muito importantes sofreram resistência e inclusive foram rejeitados.

É nesse contexto que certos filósofos da ciência tomaram para si a tarefa de defender a ciência, de destacar o que consideravam boa ciência, usando isso para demarcar a ciência daquilo que eles consideravam "pseudociência" (nós voltaremos a esse assunto nos capítulos subsequentes, mas astronomia contaria como ciência e astrologia como pseudociência) e estabelecer o que eles consideravam ser as normas da boa prática científica. Em que se baseavam essas normas? Ora, em parte no que esses filósofos da ciência tomavam como sendo – na linguagem atual da propaganda – "a melhor prática"; assim, a teoria de Einstein e a sua aparente confirmação por Eddington passaram tipicamente a aparecer nessas abordagens como exemplares de tais práticas, como veremos depois. Mas em parte as normas da boa ciência foram formadas por certos valores amplos, relacionados com objetividade e racionalidade em geral, eles mesmos vinculados à testabilidade das teorias científicas.

Entretanto, foram os problemas associados à defesa dessas noções de objetividade e testabilidade que levaram os filósofos a abandonar o jogo de explicar como a ciência deveria funcionar para se concentrar em como ela funciona. De acordo com comentadores recentes, isso provocou uma lacuna enorme na habilidade do público não-científico de exercer algum controle sobre a agenda da ciência, deixando o campo aberto para governos, multinacionais e instituições do gênero. Vejamos um comentador que lamenta a perda do elemento normativo nessas discussões:

> (...) cientistas precisam adquirir uma competência na consumada arte democrática da negociação – especialmente com um público que arcará com os custos financeiros e sustentará os impactos certos de qualquer pesquisa que seja encomendada. Contudo, talvez de modo mais importante, a ciência precisa reconhecer que as implicações valorativas das suas atividades vão não somente até a capacidade da sua pesquisa de fazer o bem ou o mal, mas também aos custos de oportunidade incorridos ao se decidir financiar um tipo de pesquisa em

detrimento de outro – ou, também em relação a isso, em detrimento de projetos de realizações públicas não-científicas, porém valiosos. Em suma, parte da responsabilidade social da ciência é considerar bem-vinda a participação do público ao se estabelecerem as prioridades da agenda de pesquisa.[7]

Eu não entrarei nos detalhes desse debate aqui. Tudo o que farei será tentar iluminar certos aspectos da prática científica na esperança de que tal procedimento possa levar a uma melhor apreciação de como a ciência realmente funciona. E se ao ler tais ideias alguém considerá-las úteis para pensar os assuntos envolvidos em se determinar como a ciência deveria funcionar, então isso será muito bom.

NOTAS

1. J.J. Davies, *On the Scientific Method*, Longman, 1968, p. 8.
2. I. Pavlov, "Advice for Young Scientists", in *Selected Works*, Foreign Languages Publishing House, 1995, p. 54-55.
3. W.L. Bragg, citado em *Genius: The Natural History of Creativity*, por H.J. Eysenck, Cambridge University Press, 1995, p. 1.
4. Stephen J. Gould, "Evolution as Fact and Theory", *Discovery*, março 1981; in *Hen's Teeth and Horse's Toes,* W.W. Norton, 1994, p. 253-262.
5. R. Feyman, *The Character of Physical Law*, Cox and Wyman, 1965, p. 171.
6. R. Giere, *Explaining Science*, Chicago University Press, 1998.
7. Steve Fuller, "Can Science Be Spoken in a Civil Tongue?", *Social Studies of Science*, 24 (1994), p. 143-168.

2

Descoberta

Quando as pessoas pensam nos cientistas, elas normalmente pensam em um homem (tipicamente) vestido com um jaleco branco; e quando pensam no que os cientistas fazem, elas geralmente os imaginam fazendo grandes descobertas, pelas quais poderiam receber o Prêmio Nobel. A descoberta – de algum fato, de alguma explicação para um fenômeno, de alguma teoria ou hipótese – é vista como estando no centro da prática científica. Desse modo, a questão fundamental que procuraremos responder neste capítulo é: como são *descobertas* as teorias, as hipóteses, enfim, os modelos científicos? Comecemos com uma resposta bastante comum e bem-conhecida.

A VISÃO COMUM: O MOMENTO EURECA

Nos quadrinhos, a criatividade é muitas vezes representada por uma lâmpada sobre a cabeça do herói. Supõe-se que represente o lampejo da inspiração. De modo semelhante, as descobertas científicas são geralmente caracterizadas como algo que ocorre de repente, em um dramático momento criativo da imaginação, um lampejo de visão ou uma experiência do tipo "aha!". O exemplo clássico é de Arquimedes, o grande cientista grego do século III a.C., a quem famosamente foi solicitado pelo rei de Siracusa que determinasse se uma coroa que tinha recebido de presente era de ouro verdadeiro ou de ouro falso. (O rei queria consagrar a coroa aos deuses e, é claro, ele não o faria se não fosse de ouro puro. E porque queria consagrá-la, ela não poderia ser aberta ou analisada.) A coroa parecia pesar o mesmo que uma feita de ouro maciço, mas isso não era o suficiente. Acredita-se que Arquimedes estava nos banhos públicos quando, ao relaxar na água, notou que a água transbordava e que, quanto mais afundava, mais a água transbordava. Ele percebeu que a água deslocada poderia ser usada para medir o volume do objeto imerso e que, se a coroa fosse pura, aquele volume seria igual àquele de um mesmo peso de ouro puro; se não, se tivesse sido adulterada com um peso igual de, digamos, prata ou chumbo, que têm densidades diferentes do ouro, então o volume seria diferente. Nesse momento, acredita-se que Arquimedes saltou da banheira e correu nu pelas ruas gritando "Eureca!", ou seja, "Eu descobri!". (O que aconteceu foi que o volume era maior do que o mesmo peso de ouro puro, e o rei se deu conta de que tinha sido enganado.)

Essa história pode parecer antiga, até mesmo fora de moda. Mas vejamos o que diz o professor Lesley Rogers, um neurobiólogo mundialmente famoso:

> Um visitante no meu laboratório, ao realizar algumas marcações de rotas neurais com corantes marcadores, pensou: "Bem, façamos uma tentativa". E, quando percebemos, foi um momento eureca. Contudo, foi por acaso – que ele tivesse vindo, que estivesse examinando alguma coisa completamente diferente, que eu tivesse oferecido a ele um lugar no meu laboratório e que nós então tivéssemos decidido simplesmente fazer uma tentativa, e isso aconteceu.[1]

Um outro exemplo notável é este de Kary Mullis, que recebeu o Prêmio Nobel em 1993 por sua descoberta da "reação em cadeia da polimerase" (PCR). Essa é uma técnica que permite identificar uma fita de DNA pela qual se tenha interesse e fazer vastas quantidades de cópias dela, de um modo comparativamente fácil (e por vastas quantidades, eu quero dizer vastas mesmo – de uma molécula, o PCR pode fazer 100 bilhões de cópias em poucas horas). É isso que está por trás das "impressões digitais" genéticas, tornadas famosas pela série de televisão CSI, por exemplo, e que se tornou uma técnica padrão na biologia molecular, levando a um enorme número de outras aplicações e de resultados de pesquisa. Vejamos a lembrança do próprio Mullis da descoberta – feita, segundo ele, quando dirigia, subindo as montanhas do norte da Califórnia, com o aroma da floração do castanheiro no ar e uma nova ideia na cabeça:

> Os pneus dianteiros do meu pequeno Honda prateado nos puxavam pelas montanhas. Minhas mãos sentiam a estrada e as voltas. Minha mente voltava ao laboratório. As cadeias de DNA se enrolavam e flutuavam. Chamativas imagens azuis e rosas de moléculas elétricas se injetavam em algum lugar entre a estrada da montanha e os meus olhos.
>
> Eu vejo as luzes nas árvores, mas a maior parte de mim está olhando para alguma outra coisa a se desenrolar. Eu estou me envolvendo com o meu passatempo favorito.
>
> Hoje à noite eu estou cozinhando. As enzimas e os compostos químicos que eu tenho no Cetus [seu laboratório] são meus ingredientes. Eu sou uma criança grande com um carro novo e um tanque cheio de gasolina. Eu tenho sapatos que me servem. Eu tenho uma mulher dormindo ao meu lado e um problema excitante, um problema importante que está aí para ser resolvido.

> "Que esperteza posso utilizar hoje à noite para ler a sequência do rei das moléculas?"
> DNA. O grande...

Ele então descreve como, ao pensar no problema em termos de um "procedimento matemático reiterativo" que lhe permitisse encontrar uma sequência específica de DNA, percebeu que poderia usar um pequeno pedaço do próprio DNA para fazer isso e iniciar o processo de reprodução, usando as propriedades naturais do DNA para copiar a si mesmo. Aí a lâmpada se acendeu...

> "Puta merda!" Eu suspirei e tirei o pé do acelerador. O carro deslizou por uma curva na descida. Eu estacionei... Nós estávamos na marcação da milha 46.58 na autoestrada 128 e estávamos no limiar do nascimento da nova era do PCR... Eu seria famoso. Eu ganharia o Prêmio Nobel.

E ele ganhou.[2]

Essa é uma visão convincente da descoberta científica. Ela está em uníssono com a visão amplamente adotada da criatividade em geral que sustenta que tudo se resume a momentos como o "eureca" ou, menos clássico, "Puta merda!". Em especial, ela é consistente com uma visão parecida da arte, que considera o artista como sendo possuído por sua "musa" que o toca com a inspiração (divina). Um outro exemplo famoso é o de Mozart, que na peça e no filme "Amadeus" é retratado como esse gênio criativo descontrolado, de linguagem chula, capaz de compor uma peça de música brilhante a qualquer hora e que é o alvo de uma inveja assassina do batalhador Salieri, que se dedicou anos e anos a estudar sua arte, mas que claramente tem menos talento em seu corpo inteiro do que Mozart tem no seu dedo mínimo! Essa é uma imagem cativante, e talvez sua atratividade ajude a explicar por que mesmo os cientistas sejam tão dados a apresentar suas descobertas como servindo ao esse molde "Eureca".

Essa visão da descoberta também está de acordo com uma visão historicamente bem-estabelecida da criatividade em geral, conhecida como a "visão romântica".

A VISÃO "ROMÂNTICA" DA CRIATIVIDADE

Vejamos uma enunciação clássica da "visão romântica", do grande filósofo alemão Immanuel Kant:

> Assim vemos que (1) gênio é um *talento* para produzir algo a que nenhuma regra definida por ser dada; não é uma mera aptidão para o que pode ser aprendido através de uma regra. Portanto, *originalidade* precisa ser sua primeira propriedade. (2) Contudo, em função de que ele também pode produzir contrassensos originais,

seus produtos precisam ser modelos, *i.e. exemplares*; e consequentemente eles não podem surgir da imitação, mas precisam servir como padrão ou regra para o julgamento dos outros. (3) Ele não pode descrever ou indicar cientificamente como acarreta seus produtos, mas nos dá a regra, assim como a natureza o faz. Portanto, o autor de um produto – cuja origem deve-se a seu gênio – não sabe como chegou às suas Ideias; ele não tem o poder de criar a mesma situação como quiser ou de acordo com um plano, nem de comunicá-la a outros em preceitos que os tornassem capazes de produzir produtos similares.[3]

Há uma série de aspectos dignos de nota nessa descrição. Em primeiro lugar, ela coloca que a criatividade não envolve "regras definidas", isto é, não pode ser analisada ou descrita em termos de algum método. Em segundo lugar, como consequência, nem mesmo o descobridor sabe como ele fez a descoberta. Em outras palavras, a descoberta é no fim das contas *irracional* e *não-analisável*.

Essa "visão comum" da descoberta é então usada para dar suporte a uma distinção importante, que aparentemente nos ajuda a entender a prática científica. Trata-se da distinção entre o contexto no qual a descoberta acontece e o contexto no qual se dá a justificação ou o impacto da evidência.

CONTEXTO DA DESCOBERTA *VERSUS* CONTEXTO DA JUSTIFICAÇÃO

A ideia aqui é separar aqueles aspectos da prática científica que são irracionais e criativos daqueles que são racionais e, possivelmente, governados por regras. Os primeiros são aqueles subsumidos pelo que é conhecido como o "contexto da descoberta"; os últimos estão subsumidos pelo "contexto da justificação". Vejamos essa distinção em detalhes.

O contexto da descoberta

Uma vez que a descoberta é "criativa" e irracional, ela não está aberta à investigação pelos filósofos que estão interessados no que é racional a respeito da ciência. Como vimos antes, de acordo com a visão "romântica", ela não envolve nenhuma regra definitiva, mas envolve talento ou gênio. Talvez se vá longe demais ao dizer que ela é "não-analisável", pois psicólogos escreveram páginas e mais páginas sobre a criatividade e a origem do gênio. Além disso, há evidências de que os momentos particularmente criativos ocorrem em certas condições: de calma e relaxamento, por exemplo (pense em Arquimedes em sua banheira e em Mullis dirigindo seu automóvel pela autoestrada). Tais momentos podem ser investigados por sociólogos (ou, no caso de Mullis, por conselheiros de drogadição!). Então, o contexto da descoberta cobre aqueles aspectos da prática científica quando a descoberta acontece – os momentos eureca, os picos criativos, os lampejos de visão. Ele não é filosoficamente analisável, já que a filosofia está preocupada com o que é racional, mas é analisável pelos psicólogos e sociólogos.

O contexto da justificação

Concerne às características racionais da prática científica e, particularmente, ao tópico de como as teorias são *justificadas* ou sustentadas pelas evidências. Isso *está* aberto à investigação pelos filósofos porque cobre o que é racional no âmbito da ciência. Abordaremos a justificação e o papel da evidência na ciência no Capítulo 4, mas o que queremos enfatizar agora é a diferença entre isso e o contexto da descoberta. Eis como Karl Popper, um dos mais famosos filósofos da ciência do século XX, apresentou o assunto:

> (...) o trabalho do cientista consiste em apresentar e testar teorias.
> O estágio inicial, o ato de conceber ou inventar a teoria, não parece a mim nem exigir uma análise lógica nem ser suscetível de uma. A questão de como acontece que uma nova ideia ocorre a um homem – seja um tema musical, um conflito dramático, ou uma teoria científica – pode ser de grande interesse à psicologia empírica, mas é irrelevante à análise lógica do conhecimento científico(...) Minha visão do assunto(...) é que não há tal coisa como um método lógico de ter novas ideias ou uma reconstrução lógica desse processo. Minha visão pode ser expressa com as palavras de que toda descoberta contém "um elemento irracional" ou uma "intuição criativa"...[4]

Esta parece ser uma distinção bastante intuitiva, que também combina com uma explicação mais geral do método científico, conhecida como a explicação "hipotético-dedutiva" ou o "método das hipóteses".

A EXPLICAÇÃO HIPOTÉTICO-DEDUTIVA

Ela recebe seu nome da seguinte maneira: *hipotético* indica que hipóteses são geradas por picos criativos, momentos eureca, visões distorcidas pelas drogas ou por qualquer outra coisa; *dedutiva* indica que consequências experimentais são deduzidas a partir da hipótese e são submetidas ao teste experimental. Por "deduzidas" aqui se quer dar a entender o procedimento de acordo com as regras da dedução lógica, tal como elas são explicitadas em todos os bons livros de lógica. Se essas implicações resultam corretas, diz-se que a hipótese está confirmada; se não, ela está falsificada. Como indicado, examinaremos melhor esse aspecto da prática científica no Capítulo 4, mas eis aqui um exemplo que ilustra o que quero dizer.

A teoria ondulatória da luz é um dos maiores avanços científicos. Ela apresentava a hipótese de que a luz é uma espécie de movimento ondulatório em um meio (conhecido como o éter), similar às ondas de água. Uma consequência pode ser deduzida a partir dessa hipótese: se um objeto – tal como um disco chato e plano, por exemplo – for colocado no caminho de uma onda luminosa, e nós olharmos bem para a sombra do disco, veremos uma marca branca (que é formada pelas ondas luminosas que transbordam pelas beiradas do disco e sofrem uma "interferência construtiva" em que os picos da onda reforçam um ao outro, gerando um pico de intensidade). Quando essa marca branca foi observada, ela foi tomada como uma confirmação significativa da hipótese e a teoria ondulatória foi considerada justificada.

A explicação hipotética-dedutiva é uma visão bem-conhecida e muito discutida de como a ciência funciona. Ela combina com a visão romântica da descoberta ao insistir que a ciência funciona fazendo avançar hipóteses de algum modo criativo e, então, justificando essas hipóteses ao testar as suas consequências experimentais. Não obstante, ela foi submetida às seguintes críticas:

1. pode haver mais a ser dito sobre a descoberta do que ela somente envolver um "pico criativo";
2. pode haver mais a respeito do teste experimental do que somente a dedução direta.

Voltaremos ao segundo tópico nos capítulos subsequentes, mas analisemos o primeiro em mais detalhes.

É A CRIATIVIDADE UM MITO?

A visão "romântica" tem sido considerada perniciosa e enganadora. Vejamos o que disse Feyerabend, um outro famoso, mas bastante radical, filósofo da ciência:

> A visão presunçosa de que alguns seres humanos, tendo um dom divino de criatividade, podem reconstruir a criação para que ela se adapte às suas fantasias sem consultar a natureza e sem perguntar aos demais levou não só a enormes problemas sociais, ecológicos e pessoais, mas também tem credenciais duvidosas, cientificamente falando. Deveríamos reexaminá-la, fazendo uso completo de formas de vida menos beligerantes que ela substituiu.[5]

Aqui Feyerabend focaliza as consequências sociais e, em sentido amplo, políticas dessa visão da criatividade, e podemos acrescentar a isso a maneira como ela encoraja certos excêntricos a insistir que descobriram alguma nova teoria dos fenômenos quânticos, ou a verdadeira natureza do espaço e do tempo, ou simplesmente de terem mostrado que Einstein estava errado (tantas dessas pessoas foram direto a Einstein, seja por causa da sua estatura como físico, seja por causa de alguma forma remanescente de antissemitismo). De minha parte, por um tempo me pareceu que quase todas as conferências sobre filosofia da ciência ou sobre os fundamentos da física eram acompanhadas de seus próprios excêntricos na entrada – normalmente, por alguma razão, um engenheiro ou cientista da computação – ansioso para passar seu mal-fotocopiado tratado. E, muitas vezes, eles prefaciavam sua insistência para que eu lesse seu trabalho com a afirmação "simplesmente me ocorreu", "eu tive este súbito lampejo de compreensão", "foi meu próprio momento 'eureca' privado", e assim por diante. Esses sujeitos pareciam ter encontrado uma forma de evitar ou até mesmo saltar por cima de todo o trabalho pesado que está envolvido em uma descoberta científica.

Poderemos desprezar o comentário de Feyerabend como irrelevante: simplesmente porque as consequências sociais de uma visão particular são inaceitáveis (para alguns), isso não significa que a visão seja falsa. Talvez simplesmente tenhamos de aceitar essas consequências. Entretanto, o último comentário sobre o trabalho envolvido é importante. Sabemos que em muitos casos há mais na descoberta do que somente uma súbita compreensão que nos impulsiona para fora da banheira.

Considere-se Arquimedes, por exemplo. Ele não era apenas um sujeito maluco, em disparada, correndo nu pelas ruas com sua nova descoberta (e nada mais). Ele era um matemático e engenheiro brilhante que não só foi responsável por uma série de avanços "teóricos" importantes, mas que também planejou e construiu máquinas de guerra para defender Siracusa das forças romanas invasoras, tais como a "garra de Arquimedes", um enorme aparelho planejado para alcançar além das muralhas das cidades e para emborcar navios, e espelhos parabólicos que focavam os raios de sol e colocavam fogo em navios.[6] Menos militaristicamente, ele também inventou o "parafuso de Arquimedes", um aparelho para fazer a água subir que ainda hoje é usado em alguns lugares e estabeleceu um enorme número de resultados matemáticos importantes. De fato, ele não só pensava exaustivamente até chegar às suas descobertas, mas efetivamente escreveu um tratado chamado "O método", que registrava como ele alcançou certos resultados que prefiguravam a descoberta do cálculo. A grande tragédia, obviamente, é que Arquimedes e o exército de Siracusa estavam tão preocupados em defender sua cidade da invasão pelo mar, que os romanos simplesmente desembarcaram acima na costa e atacaram "por trás". Arquimedes foi encontrado por um soldado romano ao lado da estrada, entretido a rabiscar algum resultado geométrico complicado na areia. Quando ordenado a parar o que estava fazendo e acompanhar o soldado, Arquimedes respondeu "Não mexa nos meus círculos!" e foi imediatamente morto.

De modo semelhante, Mullis não era um tonto surfista californiano amante das drogas, como ele se retratou na sua autobiografia, ou ao menos não era *somente* um tonto surfista amante das drogas. Ele também era altamente treinado em bioquímica e estava trabalhando em problemas específicos na replicação de DNA por um bom tempo. De fato, os princípios básicos subjacentes ao PCR tinham sido descritos previamente em 1971 por Kjelle Kleppe, que anteriormente tinha apresentado seu trabalho em uma conferência que foi assistida por (espere para ver...) um dos professores de Mullis. Além disso, seus colaboradores no Cetus discordavam da afirmação de que Mullis sozinho havia sido responsável, argumentando que foi muito mais um esforço de equipe (algo que Mullis recusava veementemente). O que isso ilustra é que a ideia de um pesquisador solitário, que destemidamente vai aonde nenhum cientista fora antes, é em parte um mito. Muitos comentadores da ciência parecem persuadidos desse mito, mas talvez possamos acrescentar às consequências negativas da visão romântica apontadas por Feyerabend a percepção distorcida que ela alimenta do processo de descoberta. O antropólogo Paul Rabinow examinou o caso de Mullis e concluiu o seguinte: "Os comitês e os jornalistas da ciência gostam da ideia de associar uma ideia singular a uma pessoa singular, o gênio solitário. O PCR é, de fato, um dos exemplos clássicos de trabalho em equipe".[7]

Que existam muito mais coisas envolvidas na descoberta do que um simples lampejo de compreensão é também ilustrado pelo caso de Edward Jenner, o descobridor da vacina da varíola. Na atualidade, pode ser difícil de acreditar quão devastadora era a varíola e o quanto as pessoas temiam essa doença que era responsável por uma de cada três mortes de crianças e que podia exterminar 10% da população (20% em cidades onde a infecção podia espalhar-se mais facilmente). Após uma campanha de dez anos promovida pela Organização Mundial de Saúde (OMS), o último caso registrado de alguém que pegou a doença por transmissão natural ocorreu em 1977, e a OMS declarou em 1980 que a "Varíola está erradicada!". (Os últimos vírus remanescentes de varíola são mantidos em enorme segurança em dois laboratórios, um nos Estados Unidos, o outro na Rússia. Alguns manifestantes argumentam que esses dois também deveriam ser destruídos, mas os cientistas insistem que eles devem ser preservados para estudos futuros.) A base da erradicação dessa doença terrível – e também de um sem-número de avanços médicos com relação a outras doenças – é a técnica da vacinação, da qual Jenner foi pioneiro.

Há uma famosa pintura de Jenner, na qual ele se parece bastante com um médico do interior.[8] Ela o mostra recostado tranquilamente em uma árvore, chapéu na mão, ante uma cena aparentemente inócua e agradavelmente bucólica, com o campo e as vacas e as mulheres ordenhadoras ao fundo. Mas elas não estão na pintura porque Jenner estava ao ar livre em uma fazenda quando foi pintado, ou porque o artista tinha uma predileção por mulheres ordenhadoras. Elas estão lá porque as ordenhadoras são uma parte integral da história da descoberta. Eis a história como ela foi muitas vezes contada.

A partir do retrato, poderíamos pensar que Jenner era simplesmente um médico do interior que tinha um olhar especialmente observador. E é a observação que desempenha um papel crucial nessa história em particular. Jenner observou que as mulheres ordenhadoras não pareciam pegar varíola tão frequentemente quanto os outros. Ordenhadoras e outros indivíduos que trabalhavam com vacas muitas vezes pegavam varíola bovina, uma infecção viral comparativamente leve que podia às vezes ser pega por humanos, resultando do máximo em um leve desconforto. Jenner então fez muitas observações de mulheres ordenhadoras em um período de quase quatro anos e chegou à hipótese de que a inoculação com varíola bovina poderia proteger contra a varíola. Certo dia, durante um surto de varíola, ele foi consultado por Sarah Nelmes, uma ordenhadora que tinha uma erupção na mão. Jenner assegurou a ela que esse era um caso de varíola bovina e não de varíola e, aproveitando a oportunidade, coletou pus das suas feridas e o esfregou nos arranhões nos braços de James Phipps, o menino de oito anos que era filho do seu jardineiro. O menino sentiu um leve desconforto da varíola bovina e foi então injetado com pus ressecado de uma lesão de varíola (podemos perguntar o que os comitês de ética médica diriam sobre o modo de proceder de Jenner!). E assim a técnica de vacinação foi descoberta (de "vacca", latim para vaca) e a hipótese de Jenner foi confirmada. Nada surpreendente, talvez, foi que houve uma oposição inicial, e há um belo quadrinho da época que mostra as pessoas no consultório do médico, sendo vacinadas, com as cabeças e os cascos crescendo em seus pescoços e braços![9] Mas em 1853 a vacinação tornou-se compulsória por um Ato do Parlamento, e os dias da varíola estavam contados.

Isso sugere uma visão alternativa da descoberta, baseada na *observação*: observamos um número de fenômenos relevantes e, usando isso como base, chegamos a uma hipótese. O método pelo qual "chegamos" a uma hipótese desse modo é chamado de *indução*.

A EXPLICAÇÃO INDUTIVA – UMA LÓGICA DA DESCOBERTA?

Consideremos o caso simples, conhecido como indução enumerativa, que envolve essencialmente observar um número cada vez maior de casos.

Imagine um dia de sol radiante: você está caminhando pelo Parque Roundhay, aqui em Leeds, e vê um cisne no lago e observa que ele é branco. Você olha mais adiante no lago e observa um outro cisne e nota que ele também é branco. Intrigado (!), você volta no outro dia, quando está chovendo, e faz mais algumas observações dos cisnes brancos e então continua suas observações em dias diferentes, em diferentes condições do tempo, em diferentes pontos de observação do lago. Você decide estender sua investigação e fazer observações semelhantes em outros lugares. Então pega o trem para o Parque Alexandra, em Manchester, e lá observa muitos outros cisnes que se revelaram todos brancos, assim como no Parque St. James em Londres e, aproveitando as passagens em conta dos trens para a Europa, nos jardins de Luxemburgo em Paris – aonde quer que você vá, e sob todos os tipos de condições diferentes, os cisnes que você observa são todos brancos. Finalmente, dada essa base observacional, você chega à conclusão: todos os cisnes são brancos. Podemos dourar tudo isso e dizer que você induziu a hipótese "Todos os cisnes são brancos".

Podemos representar esse processo de um modo um pouco mais formal:

Observações: cisne nº 1 é branco (afirmação singular)
 cisne nº 2 é branco
 ...
 cisne nº 666 é branco
 ...

Conclusão: Todos os cisnes são brancos (afirmação universal)

Há uma série de aspectos dignos de nota a respeito desse esquema. Antes de mais nada, eu chamei as afirmações referentes às observações de afirmações "singulares" e a conclusão – a hipótese a que chegamos – de "universal". Uma afirmação "singular" é uma afirmação sobre algo, digamos um evento, que acontece num lugar particular e num tempo particular. Uma afirmação "universal", por outro lado, expressa algo que cobre todos os lugares e todos os tempos. Hipóteses científicas, e em particular estas que expressam leis, são tipicamente consideradas universais nesse sentido – voltaremos a isso em seguida. Assim, a ideia geral é que o que a indução faz é levar-nos de um número de afirmações singulares para uma afirmação universal. Comparemos isso com a *dedução*, que forma o núcleo do que chamamos lógica. Eis um exemplo de um argumento dedutivo válido:

Premissa: Todos os humanos são mortais (universal)
Premissa: Steven French é humano (singular)

Conclusão: Steven French é mortal (singular)

Aqui fomos de uma afirmação universal (marcada pelo "todos") a uma afirmação singular (com a ajuda de uma outra afirmação singular). Com a indução, acontece o contrário: de uma afirmação singular passa-se a uma universal.

Isso nos conduz a um segundo ponto, que pode ser expresso na forma de uma pergunta: como funciona a indução? Podemos pensar que isso é muito claro, especialmente em função do exemplo dos cisnes brancos. Afinal, perambulamos pela Europa observando centenas, talvez milhares, de cisnes e eles eram todos brancos – a que outra conclusão poderíamos chegar?

Mas há um pouco de um salto envolvido: não importa quantos cisnes nós observamos, não observamos todos e é a todos que a nossa hipótese se refere. Comparemos com o caso da dedução. No caso do exemplo anterior – que era simples, é evidente, mas que pode ser tomado como representativo –, está muito claro como ele "funciona". A conclusão está contida, em certo sentido, nas premissas, de maneira que tudo o que fazemos é extraí-la: se Steven French pertence à classe dos humanos (debatível talvez, mas deixemos isso assim por ora) e se todos os humanos são mortais, então Steven French tem de ser mortal. O que aprendemos nas aulas de lógica elementar são basicamente as regras e as técnicas para extrair as conclusões de vários tipos de premissas (a lógica dedutiva envolve mais aspectos que isso, porém não muito mais!). Todavia, no caso dos cisnes, a conclusão não está de modo algum contida nas premissas – vai além delas ao se referir a *todos* os cisnes. Portanto, há algo de misterioso aqui.

E que haja algo de misterioso é indicado pelo nosso terceiro ponto: a conclusão de um argumento indutivo pode ser falsa. Vejamos: depois de perambular pela Europa observando cisnes, você decide ser um pouco mais aventuroso e estender sua teia de observações mais longe. Você toma um avião e vai até a Austrália e lá observa os famosos cisnes negros de Queensland e sua bela hipótese desmorona! (De fato, você não precisa ir até a Austrália para observar cisnes negros.)

Bertrand Russel tinha um outro belo exemplo que ilustra a mesma coisa (talvez de um modo um pouco mais terrível, ao menos para nós, os vegetarianos): na parte remota de Norfolk, há uma fazenda que cria perus e nessa fazenda há, ao contrário de todas as evidências de qualquer um que já teve algo a ver com perus domésticos, um jovem peru particularmente inteligente, que observa que às 8 horas de uma segunda-feira ele e seus companheiros são todos alimentados. Não querendo ser precipitado em tirar conclusões, ele continua a observar, notando que todos os dias da semana ele e seus colegas perus são alimentados às 8 horas da manhã. De novo, não querendo ser precipitado em anunciar suas descobertas, ele aguarda a oportunidade e continua a fazer as observações, notando que sob diferentes condições de tempo, em dias quentes, em dias frios, em dias chuvosos e em dias com neve, ele e o resto da turma são alimentados às 8 da manhã. E assim, sendo um bom indutivista, ele forma seu conjunto de afirmações singulares e chega à conclusão de que ele e seus colegas perus serão sempre alimentados às 8 da manhã. De fato, tão confiante está nessa sua hipótese que, quando a anuncia a seus colegas (que respondem de um modo típico aos perus, andando por aí sem propósito e ocasionalmente bicando o chão e uns aos outros), ele faz a predição de que no dia seguinte eles serão alimentados às 8 horas. Infelizmente, o dia seguinte é natal (substitua por Ação de Graças, se você for americano)!

Comparemos novamente essa situação com um argumento dedutivo, usando nosso exemplo anterior. Em um argumento dedutivo válido, se as premissas são verdadeiras, então a conclusão precisa ser verdadeira (é isso que significa um argumento ser "válido"). Se pensarmos que a conclusão foi extraída das premissas, poderemos ver por que isso é assim. Mas esse não é o caso com um argumento indutivo; não importa quão bom ele seja (e aqui não usamos o termo "válido"), não importa quantas observações tenhamos feito, não importa em que diferentes condições, a verdade de todas as afirmações que expressam essas observações não garante a verdade da conclusão. As afirmações de observação, lembremos, são todas singulares, enquanto a conclusão é universal, pois vai além do conjunto de afirmações singulares, não importando quão grande seja o conjunto, de modo que sempre restará a possibilidade de que ela se mostre falsa. Mesmo que não houvesse cisnes negros na Austrália, *poderia* havê-los em algum outro lugar talvez, e não poderíamos estar certos de que a hipótese era verdadeira, ou ao menos não do modo como podemos estar certos de que a conclusão de um argumento dedutivo o é, se as premissas são.

Uma resposta pode consistir em afirmar que ser um cisne é ser branco, de modo que a conclusão tem de ser verdadeira. Em outras palavras, podemos incluir "ter penas brancas" na definição de "cisnes". Mas então nossa "conclusão" será desinteressante. De fato, podemos questionar em que sentido ela é realmente uma conclusão, uma vez que, se um cisne é definido como sendo uma "ave branca de tal e tal tamanho, com uma forma de bico assim e assim", etc., então não precisamos fazer quaisquer observações para "descobrir" que todos os cisnes são brancos! A "hipótese" torna-se verdadeira por definição, assim como "Todos os solteiros são não-casados", para usar um exemplo clássico da filosofia.

Alternativamente, podemos argumentar que, embora a conclusão de um argumento indutivo não seja verdadeira, dadas observações suficientes e de uma variedade suficiente, podemos dizer que ele é *provavelmente* verdadeiro. Isso parece plausível: no caso da hipótese dos cisnes brancos, quanto mais cisnes você observar, sob condições as mais variadas, mais probabilidade haverá de que a hipótese seja verdadeira. Foi assim que a indução veio a ser tratada por vários grandes filósofos da ciência nos últimos cem anos ou mais. Entretanto, não importando o quão plausível possa parecer inicialmente, não se precisa pensar muito para reconhecer que se trata de um projeto bastante complicado. Quantas observações precisamos fazer para aumentarmos a probabilidade de que a hipótese é verdadeira em certa medida? Parece que há casos em que somente uma observação é necessária: tome-se a hipótese de que "o fogo queima", por exemplo! E, mesmo depois de determinarmos a quantidade segundo a qual a probabilidade é aumentada por cada observação em casos como o dos cisnes brancos, certamente haverá um ponto em que os ganhos serão menores: depois de observar um milhão de cisnes brancos, a probabilidade de que "Todos os cisnes são brancos" seja verdadeira é aumentada na mesma medida caso observarmos outro milhão de cisnes? Claro que não! E como levamos em consideração as diferentes condições? É fácil ver que a ideia bastante plausível logo começa a ficar bastante complicada.

Mas talvez devamos avançar, pois nossa discussão sobre como a verdade provável de uma hipótese recebe o suporte, e em que medida, das observações parece ter a ver mais com a *justificação* do que com a descoberta, e voltaremos à primeira nos capítulos subsequentes.

Consideremos novamente a afirmação de que a descoberta na ciência acontece ao se fazer observações e ao se usar a indução de alguma maneira. Esse tipo de abordagem certamente se adapta à visão que destacamos na introdução, ou seja, de que a ciência está baseada em "fatos", sendo que "baseado em" nesse contexto quer dizer "descoberto por meio de" ou algo parecido. (É claro que há outras perguntas que podemos fazer, tais como: O que conta como um "fato"? Quão seguros são os "fatos"? Voltaremos a elas nos Capítulos 4, 5 e 6).

Mas, como saberíamos que a nossa afirmação é verdadeira? Em outras palavras, como sabemos que descobertas científicas são feitas através da observação mais alguma forma de argumento indutivo? Ora, alguns dirão, isso é óbvio: podemos olhar para a história da ciência e apontar para casos e mais casos nos quais os cientistas chegaram às suas descobertas via observações. Assim, o argumento em apoio à nossa afirmação seria semelhante ao seguinte:

Caso 1:   A hipótese 1 foi descoberta via observações
Caso 2:   A hipótese 2 foi descoberta via observações
          ...
Caso 3.478:   A hipótese 3.478 foi descoberta via observações
Conclusão: Todas as hipóteses são descobertas via observações

Isso parece familiar? Parece que estamos dando suporte à nossa afirmação de que a descoberta acontece por indução, usando-se uma forma de argumento indutivo. Os filósofos ficam preocupados – e com razão – quando uma manobra similar é usada para se justificar a indução como uma boa maneira de raciocinar, pois a manobra só justifica a afirmação usando a própria indução! E é claro que a conclusão do argumento acima não o torna mais garantido como verdadeiro do que qualquer argumento indutivo. Na verdade, parece que podemos facilmente imaginar contra-exemplos de que a descoberta está baseada na observação.

Voltemos ao caso Jenner. Em primeiro lugar, Jenner não era apenas um simples médico de família que fez uma série de observações, não obstante astutas. Ele foi aprendiz de cirurgião aos 13 anos e aos 21 era pupilo de John Hunter em Londres, um renomado experimentalista e membro da Royal Society. (Jenner também foi por fim eleito para a sociedade, não por seu trabalho com a varíola, mas por um estudo da vida do cuco! Sua afirmação de que é o filhote de cuco e não o pássaro adulto que empurra para fora do ninho do hospedeiro os seus ovos foi confirmado somente no século XX com o advento das fotografias da natureza.) Além disso, Jenner, assim como outros médicos de sua época, estava completamente familiarizado com as técnicas da variolação e insuflação, por meio das quais pus ressequido e produzido a partir de feridas de varíola é injetado na pele ou soprado no nariz, respectivamente. Essas eram as técnicas que vinham para a Europa da China via Turquia e, embora oferecessem alguma proteção, se formas virulentas do vírus sobreviviam no pus, o resultado poderia ser fatal. O próprio Jenner foi "variolado" quando era estudante e sofreu tanto que nunca mais esqueceu a experiência.

Portanto, há muito mais envolvido nesse caso do que um clínico geral que faz observações cuidadosas. Em particular, há uma grande quantidade de conhecimento tácito sobre o que poderia oferecer proteção da varíola e, em particular, sobre o efeito da varíola bovina. Mais importante ainda, talvez, o que temos aqui não é um misterioso salto indutivo para a hipótese depois de muitas observações, mas algo muito mais complexo, no que a observação certamente tem um papel importante, mas no que outros fatores, tais como o conhecimento adquirido, também têm uma parte significativa. De fato, há um sentido no qual podemos dizer que a vacinação como uma técnica é descendente da prática grosseira da variolação e que a hipótese de Jenner apoia-se em afirmações prévias – talvez não claramente articuladas – de que a inoculação com pus ressequido de feridas de varíola protegia da doença. Essa ideia de que as descobertas na ciência muitas vezes não são eventos isolados, mas que podem ser situados em um contexto e compreendidas como decorrentes de um trabalho prévio, é algo que exploraremos no próximo capítulo.

NOTAS

1. Lesley Rogers, "Interview", in *Interview with Australian Scientists,* Australian Academy of Science, 2001, em www.science.org.au/scientists/lr.htm.
2. K. Mullis, *Dancing in the Mind Field,* Bloomsbury, 1999, p. 3-7. Podemos suspeitar de que ele tenha retido a tranquilidade para nessa ocasião tão importante de fato notar onde estava na autoestrada. Um pequeno vídeo de Mullis descrevendo a descoberta pode ser encontrado em www.dnai.org/text/204_making_many_dna_copies_kary_mullis.html. Um outro vencedor do Prêmio Nobel, o físico Steven Weinberg, também fez a descoberta central que lhe deu o prêmio enquanto dirigia para o MIT no seu Camero vermelho. Estas são os únicos exemplos que conheço que descobertas científicas feitas enquanto se dirigia um carro!
3. I. Kant, *The Critique of Judgement,* Primeira Divisão, Segundo Livro, seção 46, tradução de J.H. Bernard, Hafner Press, 1951, p. 150-151.
4. K. Popper, *The Logic of Scientific Discovery,* Basic Books, 1959, p. 31-32.
5. P. Feyerabend, "Creativity – A Dangerous Myth", *Critical Inquiry,* 13 (1987), p. 711.
6. Há muitos sites que falam de Arquimedes e de seus inventos. Ver, por exemplo, www.answers.com.com/topic/archimedes para uma seleção bastante útil.
7. P. Rabinow, *Making PCR: a story of biotecnology,* University of Chicago Press, 1996.
8. Você pode ver on-line em www.sc.edu/library/spcoll/nathist/jenner2.jpg.
9. Você pode ver em www.microbiologybytes.com/introduction/introduction.html.

3

Heurística

Até aqui apresentamos duas visões da descoberta. Uma enfatiza o chamado momento eureca e tanto se combina com a visão "romântica" da criatividade quanto dá apoio ao que se conhece como a visão hipotético-dedutivista da ciência, de acordo com a qual a ciência funciona apresentando hipóteses – de que modo nós não sabemos, e de fato, como filósofos, isso não nos interessa – e a dedução de consequências experimentais decorrentes delas que são então submetidas ao teste experimental. A outra visão dá ênfase à observação e alimenta o que chamamos de explicação "indutiva", segundo a qual reunimos uma grande quantidade de observações, coletadas em uma variedade de circunstâncias, e de alguma maneira "induzimos" uma teoria disso. Ambas as visões são inadequadas.

Ora, aqui está uma terceira alternativa, a qual reconhece que a descoberta científica não é só uma questão de se ter um pico criativo, ou de alguma espécie de lâmpada mental se acender, mas também não se trata de uma lenta e meticulosa coleção de observações. Essa é uma visão baseada na ideia de que podemos identificar certos passos na descoberta, certos movimentos que os cientistas fazem que são tanto racionais quanto capazes de desempenhar um papel na explicação de como as descobertas são feitas e, portanto, de como a ciência funciona. Tais movimentos estão sob o guarda-chuva geral do que é conhecido como "heurística".

HEURÍSTICA: OS PASSOS PARA A DESCOBERTA

A palavra "heurística" é derivada da palavra grega "heurisko", que significa "eu descubro", e provavelmente não ficaremos surpresos em saber que ela está relacionada com o verbo usado por nosso amigo Arquimedes quando ele se precipitava da banheira. Contudo, enquanto "eureca" ficou associada com um momento de "lampejo de gênio", a heurística agora é entendida como o estudo dos métodos e das abordagens que são usados na descoberta e na solução de problemas. Uma heurística está em algum lugar entre a formalidade límpida da lógica e o lampejo aparentemente caótico e irracional da inspiração.

Uma enorme quantidade de textos já foi escrita sobre a solução de problemas nos últimos 50 anos ou mais. Muito disso foi inspirado por George Polya, que escreveu um livro famoso intitulado *Como resolver o problema* (1957). Polya estava preocupado primeiramente com a solução de problemas matemáticos e com a maneira de descobrir provas para teoremas matemáticos, e sua abordagem geral talvez não seja tão impressionante à primeira vista:

1. Entenda o problema.
2. Faça um plano.
3. Execute o plano.
4. Revise o que foi feito.

Entender o problema? Mas é claro! Fazer um plano e executá-lo? Quem não teria pensado nisso?! Genial! Bem, talvez eu esteja sendo muito brincalhão. Polya realmente ofereceu um conjunto de instruções heurísticas que são mais interessantes, tais como encontrar uma analogia com o problema com o qual você está preocupado, e tentar resolvê-lo: ou talvez, de modo contraintuitivo, tentar generalizar o seu problema e resolver a generalização; ou, de modo significativo, como veremos em seguida, tentar encontrar um problema que está relacionado com o seu e que já foi resolvido. Desde a época de Polya, o estudo da heurística cresceu consideravelmente. Na psicologia, por exemplo, procedimentos heurísticos são invocados para explicar nossos juízos cotidianos que são tipicamente feitos na ausência de informações completas, ou em situações complexas para as quais as regras usuais do que é conhecido como a teoria da decisão são inadequadas. Algumas dessas regras incorporam leis da teoria da probabilidade, e ao desconsiderá-las esses procedimentos heurísticos "cotidianos" levam ao que se conhece como "parcialidades cognitivas". Pode-se, então, mostrar que ao observarem esses procedimentos:

1. as pessoas muitas vezes são insensíveis ao tamanho da amostra que estão considerando e que, portanto, cometem a "falácia da taxa básica";
2. as pessoas violarão certas leis da probabilidade (tais como aquela a respeito da probabilidade de dois eventos acontecerem juntos) e, mais geralmente;
3. as pessoas estarão sujeitas a uma série de parcialidades associadas à sua familiaridade com o evento sob avaliação.

Como um exemplo de (1), pensemos no seguinte quebra-cabeça: há uma doença que uma pessoa em mil na população em geral vai pegar. Felizmente, há um novo teste que foi desenvolvido para essa doença, *mas* ele não é completamente preciso e em 5 de cada 100 casos ele indica equivocadamente que a pessoa tem a doença quando ela de fato não a tem, isto é, o teste tem uma taxa de falso-positivos de 5%. Ora, você faz o teste e ele é positivo. Você deve ficar preocupado? Qual é a chance de que você tenha efetivamente a doença? Se você pensa que a chance é bastante alta, talvez tão alta quanto 95%, então você não está sozinho. Em um estudo de caso envolvendo 60 pessoas para as quais foi dado esse problema, as respostas iam de 0,095% a 99%. Vinte e sete dos participantes deram como resposta 95%; a resposta média foi 56%. Somente 11 participantes deram a resposta certa, que pode ser calculada usando-se a teoria da probabilidade e que é 2%. Portanto, esse não é um bom teste!

É claro que ele tem alguma função diagnóstica, já que examinar elevou a chance de se identificar uma pessoa doente num fator de 20. Esse é um grande aumento, mas obviamente não é tão grande como muitas pessoas pensam. Quando se considera se uma pessoa que testada como positiva efetivamente tem a doença, as pessoas tendem a ignorar a informação de que somente 1/1.000 da população em geral tem a doença para começo de conversa. Isso é conhecido como a taxa básica, e o fato de que essa taxa básica é baixa comparada com a taxa de falso-positivos leva as pessoas a estimativas muito equivocadas – drasticamente equivocadas!

Isso é bastante preocupante, ainda mais quando consideramos que a questão anterior não foi apresentada somente a um grupo de pessoas "leigas", mas também a 20 estudantes de medicina de 24 anos, a 20 residentes e a 20 médicos atendentes em entrevistas nos corredores na Faculdade de Medicina de Harvard. Somente quatro estudantes, três residentes e quatro médicos atendentes deram a resposta certa. E há evidências de que, por causa dessa parcialidade, o pessoal médico de fato fez diagnósticos incorretos e recomendou procedimentos radicais em situações envolvendo tais testes, incluindo, por exemplo, formas antigas de mamografias.

Eis um exemplo de (2). Consideremos o seguinte cenário: Linda tem 31 anos, é solteira, sincera e muito inteligente. Ela se graduou em filosofia (é claro!). Quando era estudante, estava profundamente preocupada com questões de discriminação e de justiça social e também participava de manifestações antiguerras. Pessoas foram solicitadas a classificar as seguintes afirmações de acordo com a sua probabilidade, usando 1 para a mais provável e 8 para a menos provável:

a) Linda é uma professora primária.
b) Linda trabalha em uma livraria e tem aulas de Yoga.
c) Linda é ativista do movimento feminista.
d) Linda é assistente social na psiquiatria.

e) Linda é membro da Liga das Mulheres Eleitoras.
f) Linda é caixa de banco.
g) Linda é corretora de seguros.
h) Linda é caixa de banco e ativista do movimento feminista.

Como você classificaria a afirmação (h)? Você a classificaria como mais ou menos provável que a afirmação (f)?

O resultado do estudo foi que a classificação média da afirmação conjunta de que "Linda é caixa de banco e ativista do movimento feminista" foi superior a um de seus membros "Linda é caixa de banco". Isso viola o que se conhece como a regra da conjunção da teoria da probabilidade, segundo a qual a probabilidade de dois eventos acontecerem juntos não pode ser maior do que qualquer um deles sozinho. Assim como no problema da "taxa básica", o problema de Linda foi dado a três grupos de pessoas de sofisticação estatística diferente: i) um grupo de graduandos da Universidade de British Columbia e da Universidade de Stanford que não tinham nenhuma formação em probabilidade ou estatística; ii) um grupo de estudantes graduados em psicologia, educação e medicina que tinham vários cursos de estatística e todos tinham familiaridade com os conceitos básico de probabilidade; iii) um grupo de estudantes do programa de ciência da decisão da Escola de Negócios de Stanford que tinham todos feito vários cursos avançados de probabilidade e estatística. Não houve diferenças estatísticas relevantes nas respostas dos três grupos de pessoas, isto é, não pareceu importar se as pessoas tinham feito cursos avançados de probabilidade ou não.

O que elas parecem usar nesses tipos de situação é uma abordagem conhecida como a heurística da "representatividade", de acordo com a qual as conclusões alcançadas são baseadas na expectativa de que uma pequena amostra será altamente representativa da população de referência. Essa é a heurística que, assim foi sugerido, está por trás dos juízos que foram feitos no caso de Linda, por exemplo. Desse modo, afirma-se que:

> Uma pessoa que segue essa heurística avalia a probabilidade de um evento incerto, ou de uma amostra, pelo grau em que ele é: i) similar nas propriedades essenciais ao seu universo e ii) reflete as características salientes do processo pelo qual ele é gerado. Nossa tese é a de que, em muitas situações, um evento A é julgado mais provável do que um evento B sempre que A parece ser mais representativo do que B. Em outras palavras, o ordenamento dos eventos pelas suas probabilidades subjetivas coincide com o seu ordenamento por representatividade.[1]

Então, em vez de estudar os teoremas da teoria da probabilidade, as pessoas que consideram a afirmação (h) julgam se o fato de Linda ser tanto caixa de banco quanto feminista é mais representativo de alguém com a sua formação do que ser apenas caixa de banco. E, portanto, elas avaliam as probabilidades de acordo com isso. Note-se que esse fator de "representatividade" é estabelecido com base em algumas considerações de *similaridade*; voltaremos a isso em seguida.

Algumas pessoas pensam que essas parcialidades são ubíquas e fazem um alerta:

> Como o julgamento humano é indispensável para muitos problemas de interesse para as nossas vidas, o conflito entre o conceito intuitivo de probabilidade e a estrutura lógica desse conceito é problemático. Por um lado, não podemos facilmente abandonar a heurística que usamos para avaliar a incerteza, porque grande parte do nosso conhecimento do mundo está ligado à sua operação. Por outro lado, não podemos desafiar as leis da probabilidade, porque elas capturam verdades importantes a respeito do mundo(...) Nosso problema é reter o que é útil e válido nos julgamentos intuitivos e corrigir os erros e as parcialidades aos quais eles estão sujeitos.[2]

Muitos comentários foram feitos sobre essas conclusões, a respeito de se as parcialidades eram tão disseminadas quanto os comentadores afirmavam e se elas se estendiam ao raciocínio científico, por exemplo. Uma resposta tem sido sugerir que o que está acontecendo nesses estudos é que as pessoas – e, por implicação, a maioria de nós quando se trata de raciocínios do "dia a dia" – estão usando certos modelos ou representações *não-padrões* (no sentido de que não se conformam às leis da teoria da probabilidade, digamos). Tem-se afirmado, por exemplo, que nesses juízos "naturais" nos quais as pessoas não levam em consideração a relação entre o tamanho da amostra e o erro de amostragem, elas simplesmente não incorporam essa relação ao modelo intuitivo que elaboram para lidar com o problema. Em vez disso, elas empregam a heurística da "representatividade", baseada na expectativa de que uma pequena amostra será altamente representativa do universo. Sugeriu-se que esse procedimento heurístico particular pode dividir-se em dois: um modelo de construção heurística, de acordo com o qual deve haver uma adaptação precisa entre o modelo subjacente e as características estruturais dos dados, e uma heurística para julgar as chances dos resultados, que sugere que um resultado é mais provável quando sua estrutura é mais *similar* àquela do modelo subjacente pressuposto. E, novamente, as pessoas ignoram a taxa básica, por exemplo, porque elas simplesmente não precisam lidar com os modelos apropriados que lhes permitiriam processar as informações da taxa básica.[3]

Portanto, a diferença entre uma pessoa leiga que usa essa heurística e alguém que conhece e aplica a teoria da decisão ou as leis da probabilidade é simplesmente que "A última tem à sua disposição toda uma gama de modelos de probabilidade que ela pode utilizar ao lidar com os problemas apresentados. E, como uma questão de fato, em vez de uma questão de lógica, esses modelos são mais bem-ajustados aos tipos de casos em questão".[4] Ora, não estamos sugerindo que os cientistas, ao tentarem criar novas hipótese ou teorias, usem esse tipo particular de heurística. Contudo, eles usam algo similar, que tem a mesma espécie de caráter. Em particular, o domínio da descoberta científica está estruturado de uma certa maneira, por meio da qual ele não é distinguido simplesmente pelo momento eureca ou pelo lampejo de gênio, mas incorpora certos movimentos e abordagens que conduzem os cientistas para onde eles precisam ir.

É evidente que dizer que a descoberta está "estruturada" não significa dizer que ela segue um procedimento de algoritmo, no sentido de que há um conjunto de regras e de que tudo o que precisa ser feito é aplicá-las a fim de se obter uma nova teoria. No entanto, mesmo que não possamos ter uma "lógica" da descoberta, podemos ainda falar de um "rationale" que pode ser identificado e descrito ao se examinar estudos de caso apropriados. Se isso é assim, poderemos perguntar: como fica a criatividade? Talvez a linha entre a criatividade e a heurística possa ser traçada com o uso da psicologia. De um lado, temos as circunstâncias privadas – e talvez subconscientes – que levam um cientista a uma ideia; de outro lado, temos as conexões entre a ideia e o contexto relevante, que são cobertas pelos procedimentos heurísticos que apresentarei a seguir. O campo da criatividade – como é que os cientistas realmente criam as suas ideias – diz respeito, ao menos em parte, às primeiras circunstâncias. Contudo, uma grande quantidade de criações que são atribuídas ao "gênio" e à "criatividade" podem ser entendidas como a percepção e a exploração judiciosas de uma situação heurística particular.

A ideia geral aqui é, então, que a descoberta é mais complexa do que é sugerido por qualquer uma das duas visões discutidas no capítulo anterior; não obstante, podemos identificar certos movimentos em nível tanto "experimental" quanto "teórico". Comecemos com um exemplo muito simples do nível experimental.

EXPERIMENTAL: OBSERVANDO SIMILARIDADES ENTRE FENÔMENOS

Consideremos, como um exemplo, a explicação do raio como uma descarga elétrica, uma explicação proposta no século XVIII. Resumindo uma longa, mas interessante história, a invenção de máquinas elétricas – tais como máquinas de fricção, nas quais uma esfera ou um cilindro de vidro é esfregado por uma almofada rotativa, conduzindo à formação de eletricidade estática (um site útil da web pode ser encontrado em www.sparkmuseum.com/friction.htm) –

levou à observação de que havia um similaridade entre as faíscas geradas por essas máquinas e os raios. Em 1749, o famoso cientista, político e polemista Benjamin Franklin percebeu os pontos de similaridade relevantes:

1. Produção de luz
2. Cor da luz
3. Direção partida
4. Movimento rápido
5. Conduzidas por metais
6. Estalo ou barulho na explosão
7. Subsistência na água ou no gelo
8. Produção de uma crosta nos corpos pelos quais passa
9. Destruição de animais
10. Derretimento de metais
11. Emissão de substâncias inflamáveis
12. Cheiro sulfuroso

Essas similaridades que foram observadas levaram Franklin a apresentar a hipótese de que os raios nada mais eram do que uma forma de descarga elétrica. Aqui parece que temos uma forma aparentemente simples de descoberta científica, baseada no passo heurístico de notar certas semelhanças entre os fenômenos relevantes. (É evidente que isso não pode ser a história toda, já que se coloca a questão de como decidimos quais são os fenômenos relevantes!)

Antecipando o assunto dos próximos capítulos, a hipótese de Franklin foi então testada.

Teste 1: Dalibard e sua vara de 40 pés
Do outro lado do Atlântico, em Paris, Dalibard (um cientista francês amigo de Franklin) construiu um vara de metal de 40 pés planejada para "puxar o raio para baixo" (aparentemente, ela foi fixada usando-se, muito apropriadamente, garrafas de vinho). Um "velho dragão" foi então instruído a aproximar-se com uma vara de metal com isolamento (não está claro por que o próprio Dalibard não realizou essa parte do teste; talvez ele quisesse manter distância para fazer as observações necessárias, ou talvez ele somente quisesse se manter à distância!). Depois que um raio atingiu a vara, houve uma chama "infernal" e um odor, causando a fuga do dragão aterrorizado, que foi chamar o padre local, que subsequentemente produziu faíscas da vara. Após essa demonstração impressionante, Dalibard anunciou que "a ideia de Franklin deixava de ser uma conjectura. Aqui ela se tornou uma realidade". O teste seguinte é mais conhecido.

Teste 2: Franklin empina uma pipa

Muitos de nós conhecemos a história, ou temos visto desenhos ou pinturas, de Franklin soltando uma pipa com uma chave de metal amarrada a fim de atrair o raio e observar as faíscas produzidas. Consideremos esse episódio em um pouco mais de detalhes.

Tendo publicado sua hipótese de que os raios eram simplesmente uma forma de eletricidade, Franklin também descreveu como ela podia ser testada ao observar a descarga produzida quando um raio atinge um objeto de metal elevado, tal como um poste. Sua primeira ideia foi a de que uma torre de igreja serviria; porém, enquanto esperava que erguessem a torre da Christ Church na Filadélfia, ocorreu-lhe que poderia alcançar o que pensava que fosse a altura necessária usando uma pipa bem comum. Como não haviam lojas de pipas na Filadélfia do século XVIII, Franklin resolveu fazer uma usando um lenço de seda e duas varetas cruzadas de tamanho adequado. Ele então tinha de esperar pela próxima tempestade e, assim que observou que uma se aproximava, foi até um campo onde havia uma cabana na qual podia colocar seu equipamento, etc. Entretanto, temendo o ridículo caso seu teste falhasse, Franklin contou somente para o seu filho, muitas vezes retratado nas pinturas da cena como uma criança, mas na realidade um rapaz de 21 anos que o ajudou a empinar a pipa.

Eis um relato do que aconteceu (crianças não tentem fazer isso em casa):

> Tendo a pipa sido empinada, passou-se um tempo considerável até que houvesse qualquer aparência de que ela estivesse eletrificada. Uma nuvem muito promissora passou sobre ela sem qualquer efeito; quando, por fim, Franklin estava prestes a desistir de suas invenções, observou que alguns fios soltos da corda de cânhamo estavam eretos e evitavam uns aos outros, como se estivessem suspensos em um condutor comum. Impressionado com essa aparência promissora, ele imediatamente apresentou a junta do seu dedo à chave, e (que o leitor julgue que primoroso prazer ele não deve ter sentido nesse momento) a descoberta estava completa. Franklin percebeu uma faísca elétrica bem nítida. Outros também conseguiram, antes de a corda ficar molhada, de modo a colocar o assunto fora de dúvida, e quando a chuva havia molhado a corda ele coletou fogo elétrico em profusão. Isso aconteceu em junho de 1752, um mês depois que os eletricistas na França tinham verificado a mesma teoria, mas antes que Franklin tivesse ouvido qualquer coisa a respeito do que eles haviam feito.[5]

Que "prazer primoroso"! Há algumas coisas que vale a pena notar a respeito desse episódio, ao qual voltaremos em capítulos posteriores. Note-se que o experimento inicialmente pareceu ter sido um fracasso. De acordo com algumas posições que examinaremos com algum detalhe no próximo capítulo, Franklin deveria talvez ter concluído que sua teoria era falsa. Não obstante, não fez senão observar melhor e notou que, particularmente quando a corda estava molhada, ele obtinha um resultado bastante notável (sendo a água um bom condutor elétrico). Algumas vezes, as condições devem ser as certas para se alcançar o melhor resultado, ou mesmo qualquer resultado, o que significa que, se não observamos o que esperamos, pode ser que as condições são sejam as certas, em vez de a hipótese ser a culpada.

Subindo na estrutura, por assim dizer, a observação de similaridades em ambos os planos, o experimental e o teórico, também funcionou como um passo heurístico muito poderoso na descoberta de novas teorias.

EXPERIMENTAL/TEÓRICO: SIMILARIDADES E UNIFICAÇÃO

Aqui nós vemos como similaridades podem ser traçadas em todo caminho que vai do nível dos fenômenos até o mais alto nível teórico. Em 1819, o cientista dinamarquês Ørsted descobriu que, quando uma agulha magnética era colocada perto de um fio que estava conduzindo uma corrente elétrica, ela era desviada. O físico francês Ampere (que deu seu nome à unidade de corrente) mostrou que fios que conduzem eletricidade podiam agir como magnetos, e seu compatriota Arago usou um fio desse tipo para magnetizar um pedaço de ferro. Todas essas observações sugeriam uma forte associação entre eletricidade e magnetismo. Então, em 1831, Faraday no Reino Unido e Henry nos Estados Unidos descobriram independentemente que, movendo-se um magneto para perto de um fio, podia-se induzir uma corrente elétrica nele. Faraday também introduziu a ideia de que eletricidade e magnetismo produziam seus efeitos através de linhas de força que se propagavam pelo espaço, e isso levou à ideia dos campos elétricos e magnéticos (eu estou comprimindo uma grande quantidade de história aqui!).

Maxwell, um dos gigantes da ciência do século XIX, unificou esses dois campos de estudo ao desenvolver um novo conjunto de leis de eletromagnetismo, incorporadas ao seu famoso conjunto de equações. De acordo com essas leis, assim como mudanças em campos magnéticos produzem campos elétricos, mudanças em campos elétricos criam campos magnéticos. Maxwell então suspeitou que um campo elétrico e um campo magnético, oscilando em ângulos retos um em relação ao outro, persistiriam através do espaço. Quando calculou a velocidade em que esse campo eletromagnético viajaria, Maxwell descobriu que era igual à velocidade da luz, conduzindo à sugestão de que a luz era uma onda eletromagnética. Em 1884, Hertz (outro grande cientista que deu seu nome a uma das unidades essenciais na vida moderna!) reformulou as equações de Maxwell, revelando completamente a simetria fundamental entre eletricidade e magnetismo. Quatro anos depois, ele construiu experimentos para confirmar uma das predições da teoria de Maxwell, a saber, a de que ondas eletromagnéticas também deveriam viajar à velocidade da luz, tal como as ondas de rádio. Voltaremos a considerar as observações de Hertz no Capítulo 5.

O que temos nessa pequena história resumida é uma série de similaridades notadas tanto em nível observacional quanto em nível teórico que conduziram, primeiramente, à unificação da eletricidade com o magnetismo e, subsequentemente, à identificação da luz com um campo eletromagnético. Observar tais similaridades teóricas de alto nível também se tornou extremamente importante para a ciência do século XX. É claro que tais desenvolvimentos dependem de modo crucial do que foi considerado similar com o quê – famosamente foi dito que qualquer coisa pode ser tornada similar a qualquer outra coisa! Ao se formular teorias de certas maneiras, de modo que certas características matemáticas de equações tornam-se aparentes, aparentemente diferentes teorias podem ser vistas como similares em termos de suas propriedades de simetria (se um objeto parece exatamente o mesmo quando refletido em um espelho, diz-se que ele é simétrico sob reflexões; os tipos de propriedades referidas aqui são como essa, porém expressas em termos da matemática de alto nível). Foi com base nisso que Weinberg, Salam e Glashow observaram certas similaridades entre o eletromagnetismo (na sua forma quântica moderna, conhecida como eletrodinâmica quântica) e a força nuclear fraca, responsável pelo decaimento radioativo. Essa nova teoria unificada, conhecida epigramaticamente como a teoria eletrofraca, previu a existência de três novas partículas na natureza, e suas subsequentes descobertas em 1983 foram saudadas como uma confirmação significativa da teoria (com Prêmio Nobel para Glashow, Slam e Weinberg). E assim acontece. O próximo passo foi conseguir uma unificação similar com a força nuclear forte, responsável por manter o núcleo unido, o que só deixa para trás a gravitação, mas unificar essa força tem-se revelado ser uma proposição completamente diferente.

TEÓRICO: CORRESPONDÊNCIA

Em geral, as teorias não brotam simplesmente da cabeça do cientista, como a visão romântica quer fazer-nos acreditar; nem emergem indutivamente das observações, não importando quantas tenhamos feito, nem sob quais condições diversas. Como indiquei nos casos de Arquimedes e Mullis, o terreno geralmente está muito bem preparado, e o cientista utiliza-se de uma gama de conhecimentos tácitos e do contexto relevante no qual formular a nova hipótese. Pode-se argumentar, no entanto, que podemos fazer até mesmo uma afirmação mais forte do que essa e insistir no fato de que, em muitos casos, novas teorias são erigidas sobre os ombros de teorias mais antigas. A ideia é a de que o progresso científico é um processo essencialmente cumulativo e novas teorias são erigidas a partir dessas que já existem. Ora, essa é uma tese polêmica sobre o progresso científico, pois ela parece estar em conflito com o que sabemos sobre a história da ciência, a saber, que a ciência algumas vezes passa por mudanças bastante radicais. Essas mudanças são muitas vezes chamadas de "revoluções", e assim nós temos a "revolução da teoria quântica" do começo do século XX; a "revolução einsteiniana", na qual a teoria da relatividade foi introduzida; e a avó de todas elas, a "revolução científica" de século XVII, associada a nomes como o de Newton, e até mesmo a "revolução do DNA" na biologia. Como pode o progresso científico ser um assunto essencialmente cumulativo, com as novas teorias de algum modo construindo sobre as suas predecessoras, em face dessas revoluções?

Alguns argumentaram que não pode. Kuhn, por exemplo, num trabalho que teve uma enorme influência que vai além da filosofia da ciência, insistiu que as revoluções científicas são marcadas por rupturas fortes e dramáticas nas quais o que muda não são apenas as teorias, mas também o que conta como um "fato" e inclusive como metodologia científica. O título do livro mais famoso de Kuhn, *A estrutura das revoluções científicas*, indica o foco central: uma vez que um campo particular da ciência – a física, a psicologia, a microbiologia ou qualquer outro – torna-se suficientemente organizado, de modo que há um amplo acordo sobre quais são os problemas centrais, sobre como devem ser enfrentados, sobre o que contará como uma solução para eles, e assim por diante, esse campo pode ser descrito como aderindo a um certo "paradigma" ou "matriz disciplinar". Isso estabelece as regras do jogo, por assim dizer, nos termos antes expostos: de determinar os problemas centrais do campo, a metodologia a ser usada para guiá-los, os critérios para determinar quando eles foram resolvidos, e assim por diante. Novos trabalhadores na área são induzidos para o paradigma através de sua educação e de seu treinamento, e o que Kuhn chamou de "ciência normal" é conduzida por um paradigma/matriz disciplinar, com o foco central na solução de problemas.

Os problemas que não podem ser resolvidos no âmbito do paradigma são postos de lado como anomalias. Gradualmente, essas anomalias acumulam-se até que se chega a um ponto em que alguém – geralmente um cientista jovem com pouco a perder! – declara que o antigo paradigma está falido e começa a construir um novo. Via de regra, insiste Kuhn, a fim de resolver as anomalias, precisamos não apenas de uma nova teoria, mas também de uma nova maneira de fazer as coisas, de modo que o que pareciam ser fatos que precisam de explicações de acordo com o paradigma velho são descartados de acordo com o novo. Assim, consideremos a transição da física aristotélica para a newtoniana: de acordo com a primeira, quando se dá um empurrão em algum objeto, deve-se explicar por que continua a se movimentar (ignorando a fricção ou a resistência do ar). Isso gerou teorias de acordo com as quais os objetos que se movem são continuamente empurrados por trás, por assim dizer. De acordo com Newton, entretanto, o fato de que um objeto posto em movimento continue a se movimentar não precisa de nenhuma explicação: o que tem de ser explicado são as *mudanças* daquele movimento, através dos efeitos das forças. Além disso, porque o novo âmbito é tão diferente, porque o que conta como um fato, o que precisa ser explicado, o que conta como uma explicação, como as teorias são justificadas, etc., não são os mesmos no novo paradigma em relação ao que eram no antigo, não podemos compará-los de modo algum – eles são, de acordo com Kuhn, "incomensuráveis", porque não há uma base comum de comparação.

Ora, essa é uma afirmação bastante radical e parece minar a própria base do progresso científico em qualquer sentido significativo: como se pode dizer que houve progresso de uma teoria à outra através de uma ruptura revolucionária, se não há um âmbito comum em termos do qual as duas possam ser comparadas? Entretanto, Kuhn recuou diante dessa afirmação na edição seguinte do livro e sugeriu que as medidas padrão de comparação, tais como simplicidade, suporte empírico, etc., ainda poderiam ser aplicadas, embora ele mantivesse dúvidas sobre o sentido cumulativo do progresso.

E outros teóricos argumentaram que, se olharmos as chamadas revoluções científicas mais de perto, poderemos de fato descobrir coisas em comum suficientemente, através da ruptura, o que nos permite dizer que não só houve progresso, como também é possível discernir como teorias subsequentes foram construídas com base em suas predecessoras. Essa ideia está consagrada em algo chamado, de modo grandioso, de "Princípio da Correspondência Geral". De modo grosseiro, ele diz que qualquer teoria nova aceitável deve dar conta da sua predecessora ao "degenerar" nessa teoria sob aquelas condições nas quais a predecessora foi confirmada pelos testes experimentais.[6] O cerne pode ser expresso da seguinte forma: sempre mantemos o melhor do que temos. E um exemplo interessante seria o sistema periódico de elementos, que sobreviveu à revolução da teoria quântica.

Voltaremos a essa ideia quando considerarmos o tópico da adoção de uma posição realista em relação às teorias no Capítulo 8, mas o que isso tem a ver com a descoberta? Ora, a ideia é a seguinte: se é o caso que, apesar de algumas coisas mudarem, digamos em um nível elevado, mas várias delas permanecerem as mesmas em níveis inferiores, novas teorias serão construídas sobre as antigas e reterão esses mesmos elementos. Então, um outro movimento heurístico seria focar nesses elementos e construir a sua nova teoria nessa base. A chave, é claro, está em identificar que partes da antiga teoria devem ser mantidas quando se constrói a nova – faça isso corretamente e você estará se candidatando a um Prêmio Nobel!

TEÓRICO: FURADAS E PISTAS

Uma outra manobra heurísitca óbvia é ir na direção contrária, ou seja, procurar por falhas numa teoria e verificar se, ao retificá-las, é possível chegar a uma teoria nova, ainda melhor. Dessa maneira, tais falhas podem ser vistas como "pistas" para uma nova teoria.

Uma falha considerável ocorre quando uma teoria é internamente inconsistente, o que seria suficiente para afastar de imediato tal teoria da disputa. De fato, teorias inconsistentes geralmente não vão além dos primeiros pensamentos dos seus descobridores e certamente não vão para as revistas científicas. Entretanto, um exemplo famoso é aquele da teoria do átomo de Bohr, que tinha como hipótese que os elétrons do átomo orbitavam o núcleo e que só podiam pular de uma órbita inferior para uma superior quando fosse absorvida energia, ou desciam de uma órbita superior a uma inferior quando fosse perdida energia. A energia absorvida ou perdida, respectivamente, deve ser igual à diferença nas energias das órbitas, e Bohr aplicou a nova teoria quântica de Planck para mostrar como essas energias eram equivalentes a certos quanta de radiação. Isso lhe permitiu explicar os espectros de radiação produzidos quando diferentes elementos são aquecidos e explicar, mais precisamente, por que esses espectros continham linhas discretas (tais linhas correspondem aos elétrons que saltam entre diferentes níveis). Contudo, embora essa fosse a primeira teoria quântica átomo, ela incorporou os princípios fundamentais da física clássica pré-quântica, um dos quais afirma que qualquer corpo que se mova em círculos, tal como a lua orbitando a terra, ou os elétrons orbitando um núcleo, está sofrendo aceleração, e partículas carregadas que aceleram perdem energia (basicamente é como a televisão e os rádios funcionam – sinais são gerados, fazendo-se com que os elétrons sejam acelerados de certas maneiras). Portanto, de acordo com essa teoria, os elétrons que orbitam um núcleo atômico deveriam estar irradiando e perdendo energia continuamente; de fato, eles iriam rapidamente perder energia e espiralar para dentro do núcleo, resultando em nenhum átomo – e daí não surgiria nenhum Bohr com sua teoria! Bohr simplesmente insistiu que em sua teoria os elétrons em órbitas não irradiavam, eles o faziam somente quando mudavam de órbita, mas não explicou como isso poderia ser reconciliado com os princípios clássicos que invocava e, portanto, parecia haver aí uma inconsistência em sua teoria: de um lado, ele queria usar certos princípios; de outro, ele queria negá-los, ainda que certos aspectos dos mesmos.

Explicar como Bohr foi capaz de fazer isso e ainda oferecer uma explicação significativa dos espectros provocados por diferentes elementos é uma história complexa, mas essa enorme falha foi um dos fatores que conduziu os cientistas a produzirem uma teoria melhor, uma teoria mais completamente quântica do átomo, agora conhecida como mecânica quântica.

TEÓRICO: LEVANDO OS MODELOS A SÉRIO

Um outro movimento heurístico é construir um modelo do sistema ou processo de interesse, em vez de uma teoria completa, e então levar o modelo a sério como representação acurada de ao menos alguns aspectos do sistema ou processo. Analisaremos os modelos novamente no Capítulo 6, mas cabe salientar que muitas vezes são construídos modelos porque a teoria completa seria algo muito complexo com o que trabalhar; assim, são introduzidas idealizações que permitem ao cientista produzir resultados significativos com recursos limitados. Considere o pêndulo simples, sempre presente em cursos introdutórios de física. Na prática, você poderia construir um desses no laboratório ao prender um peso de chumbo a um pedaço de corda e então prender a corda a uma haste com prendedor ou algo parecido, antes de balançar o peso e medir como o período do balanço muda com o comprimento da corda, por exemplo. Ora, quando você representa essa situação a fim de escrever as equações relevantes, você geralmente não leva em consideração os efeitos da fricção entre a corda e a base com o prendedor ou os efeitos da resistência do ar. Além disso, se você estiver considerando a fórmula padrão que expressa a relação entre o período e o comprimento da corda, você somente balançará o peso em ângulos pequenos em relação à vertical, porque em ângulos maiores a fórmula não funciona. O que você está fazendo aqui é construir um modelo simplificado da situação que lhe permita obter resultados razoavelmente acurados e diretos. É claro que a chave para a construção de modelos é não idealizar demais, se não o modelo não vai representar a situação!

Eis um outro exemplo "clássico": o modelo das bolas de bilhar para o gás. Construir uma teoria decente sobre como os gases funcionam é uma ocupação incrivelmente difícil, porque não só existem milhões e milhões de átomos, como estão todos se movendo em diferentes direções, colidindo uns com os outros e com as paredes do recipiente, exercendo forças uns sobre os outros e sobre as paredes. Uma maneira de começar a dar um jeito de representar essa situação é assumir que os átomos são incrivelmente duros, como bolas de bilhar, ou bolas de *snooker*, de modo que, quando colidem, eles rebatem uns nos outros (as colisões são então descritas como "elásticas") e não há forças de longo alcance que afetem seus movimentos. Esta se revelou uma maneira tão produtiva de conceber um gás que se tornou o exemplo padrão de um modelo científico.

Com isso, um sistema físico – os átomos de gás – é representado em um modelo por outra coisa – as bolas de bilhar. Um outro exemplo é o chamado modelo da "gota líquida" do núcleo atômico. Nesse caso, o núcleo é representado como a gota de um líquido e, assim como a gota vibra e balança e se divide quando lhe é aplicada uma energia, assim também o núcleo atômico sofre fissão quando a energia – na forma de partículas subatômicas, por exemplo – é de modo similar aplicada nele. Esses tipos de modelos, nos quais uma coisa – um sistema físico de interesse – é representada em termos de outra, são chamados de "modelos análogos", porque as bolas de bilhar e a gota de líquido são analogias dos átomos de gás e do núcleo, respectivamente. Nesses casos, é crucial que a analogia seja feita com algo familiar a nós (ou àqueles de nós que desperdiçaram suas juventudes), tal como bolas de bilhar ou gotas de líquidos.

Mas como esses modelos podem ser usados como instrumentos heurísticos na descoberta? Consideremos esta passagem de um livro-texto sobre física nuclear, que descreve o "método dos modelos nucleares":

> Este método consiste em procurar um sistema físico, o "modelo", com o qual estamos familiarizados e que em algumas de suas propriedades assemelha-se ao núcleo. A física do modelo é então investigada e se espera que quaisquer propriedades assim descobertas também sejam propriedades do núcleo(...) dessa maneira, o núcleo foi tratado "como se" fosse um gás, uma gota líquida, um átomo e muitas outras coisas.[7]

A ideia é que estabeleçamos o modelo na base de alguma forma de correspondência entre alguma propriedade dos elementos do sistema e algumas propriedades do objeto ou do conjunto de objetos em termos dos quais estamos modelando o sistema. Num famoso estudo de modelos e analogias, Hesse chamou isso de "analogia positiva". É claro que há algumas propriedades que figuram no modelo que não representam propriedades do sistema que estamos modelando: bolas de bilhar podem ser coloridas, por exemplo, e bolas de *snooker* têm números, mas os átomos de gás não têm nenhum dos dois. Tais propriedades constituem o que Hesse chamou de "analogia negativa". Mas, então, há propriedades que figuram no nosso modelo das quais não estamos certos se são ou não apresentadas pelo sistema que estamos estudando. Hesse considerou que tais propriedades formavam a "analogia neutra", e é aqui que está toda a ação no que tange à descoberta, porque é ao explorar a analogia neutra e ao determinar se as propriedades neutras no modelo se mantêm no sistema que nós descobrimos novas características do sistema.

Consideremos uma gota de líquido de novo. Quando um líquido muda de fase e torna-se vapor, é assimilado calor, que é conhecido como calor latente. Esse calor latente representa um indicador clássico de uma mudança de fase e independe do tamanho das gotas do líquido. Isso acontece devido à natureza de curto alcance das forças intermoleculares que se "saturam", no sentido de que, uma vez que vizinhos próximos o suficiente se ligaram, a presença ou a ausência de moléculas mais distantes não altera uma dada ligação. Isso implica que a energia total é proporcional ao número total de partículas no sistema, pois cada partícula faz uma contribuição fixa para essa energia. Perseguindo-se a analogia entre uma gota de líquido e o núcleo, então se conduz à sugestão de que as forças nucleares também se saturam dessa maneira, o que está de acordo com os resultados experimentais observados: a energia de ligação por núcleo é aproximadamente constante em uma ampla gama de núcleos. Aqui, então, vemos como explorar a analogia neutra pode ajudar-nos a entender as propriedades do sistema que está sendo modelado.

Como eu já disse, um modelo pode ser físico ou conceitual. Um exemplo famoso do primeiro é o modelo do DNA de Crick e Watson, que revela a sua estrutura de dupla-hélice por meio de uma modelo construído com arames e placas de aço.[8] Essa é uma das maiores descobertas do século XX, a qual é belamente discutida em detalhe no livro *O caminho para a dupla-hélice*, de Olby.[9] A história (que eu só poderei resumir grosseiramente aqui) ilustra muito bem o papel e a importância do conhecimento de fundo, com base no qual podemos começar a discernir as correspondências entre as teorias "antiga" e "nova". Ora, o problema inicial era explicar a transmissão da informação genética e, através da combinação do trabalho experimental e teórico, isso foi identificado com o ácido desoxirribonucléico, e não com uma proteína, como se pensou originalmente. O próximo problema foi determinar a estrutura do DNA. Ora, uma das pretensões à fama da minha universidade é que foi aqui em Leeds que Astbury desenvolveu as técnicas para produzir os padrões de difração de raios X de fibras e, por fim, o próprio DNA. Isso foi elaborado com base no trabalho do grande físico Bragg, que como mencionei também estava em Leeds por um tempo e que mostrou que, ao se estudar os padrões de difração produzidos pelo espalhamento de raios X de cristais, era possível determinar a estrutura desses cristais. Astbury utilizou-se desse trabalho para mostrar que o DNA tinha uma estrutura regular, embora seus dados fossem muito rudimentares para determinar qual era essa estrutura.

Esses dados foram aperfeiçoados por Wilkins e Franklin, sendo que este em particular aplicou seu conhecimento das técnicas de difração de raios X para produzir uma série de fotografias detalhadas de difração de DNA. Pauling também havia combinado os padrões de difração de raios X com tentativas de modelar as estruturas relevantes e tinha descoberto que muitas proteínas incluíam formas de hélice. Suas tentativas de similarmente modelar a estrutura do DNA foram malsucedidas, e Franklin rejeitava completamente a modelagem como um modo de descoberta, insistindo que se deveria apenas construir um modelo depois que a estrutura fosse conhecida (de baixo para cima, por assim dizer, utilizando-se os estudos de raios X).

Crick e Watson não tinham tais reservas e usaram os dados de Franklin (de modo controverso, pois o padrão crucial do raio X foi mostrado a eles sem a sua permissão), junto com os seus conhecimentos das limitações biológicas e físicas, e produziram um modelo físico, construído com arame e latão, que explicava os dados apresentados nos padrões de difração de Franklin. Ao postular a estrutura de dupla-hélice, também explicaram como a informação genética podia ser transmitida através da separação de duas fitas entrelaçadas e a replicação de DNA ao se criar o complemento de cada faixa.[10] Esse mecanismo de replicação proposto foi posteriormente confirmado de modo experimental; então, Crick, Watson e Wilkins receberam o Prêmio Nobel em 1962 (infelizmente, Franklin não o recebeu, pois ele havia falecido de câncer, e o Prêmio Nobel nunca é conferido postumamente).

Isso, é claro, está por trás da descoberta subsequente de Mullis da reação em cadeia de polimerases e do seu Prêmio Nobel. Porém, assim como nesse caso, a descoberta não aconteceu num "lampejo de gênio" ou num momento eureca. Usando somente essa história condensada, podemos puxar três fitas entrelaçadas (!) na descoberta:

- *O conhecimento prévio*: qualquer estrutura proposta para o DNA deveria explicar a transmissão de informação genética. Já havia um conjunto de trabalhos experimental e teórico considerável, na base do qual uma proposta para essa estrutura poderia ser erigida. De fato, se formos inspecionar bem a fundo, poderemos discernir pontos em comum e correspondências entre essas tentativas anteriores e a descoberta de Crick e Watson.
- *O experimento*: Wilkins e Franklin usaram a cristalografia de raios X para estabelecer que o DNA tinha uma estrutura regular e cristalina. De novo, esse procedimento utilizou trabalhos anteriores e envolveu uma interessante mistura de habilidade experimental e conhecimento teórico.
- *A construção do modelo teórico*: Pauling descobriu a estrutura básica de hélice da molécula de proteína construindo modelos que se encaixassem nos fatos experimentais; Crick e Watson então aplicaram as mesmas técnicas de construção de modelos para descobrir a estrutura do DNA.

Combinando esses três níveis, Crick e Watson construíram *modelos*, condicionados pelos *resultados experimentais* e pela exigência de que a estrutura permitisse a *transmissão de informação genética*. E o que é importante notar, da perspectiva deste capítulo, é que, em primeiro lugar, essa descoberta não foi completamente irracional ou mero chute, como o método hipotético-dedutivo poderia pretender. Em segundo lugar, ela não foi feita via indução a partir de observações; em vez disso, envolveu uma combinação complexa de diferentes movimentos heurísticos.

É isso sobre a descoberta. Nos próximos três capítulos, veremos o que acontece quando você toma sua hipótese, sua teoria ou seu modelo e os atira para as feras da experiência.

NOTAS

1. A. Tversky e D. Kahnemann, "Judgements of and by Representativeness", in *Judgment Under Uncertainty: Heuristics and Biases*, D. Kahnemann, P. Slovic e A. Tversky (eds.), Cambridge University Press, 1982, p. 84-98.
2. *Ibid.*, p. 98.
3. Ver Giere, *Explaining Science*, p. 173.
4. *Ibid.*
5. J. Priestley, *The History and Present State of Electricity*, com experimentos originais, 1775 Vol. I, Johnson, 1966, p. 216-217.
6. Uma boa explicação dessa noção é dada por H.R. Post, "Correspondece, Invariance and Heuristics", *Studies in History and Philosophy of Science* 2 (1971), p. 213-255.
7. L.R.B. Elton, *Nuclear Sizes*, Oxfrod University Press, 1961, p. 104.
8. Uma foto dos dois parados orgulhosamente ao lado do seu modelo pode ser encontrada no site da *Sceince Photo Library*, em www.sciencephoto.com (procurar em H400/039); e uma reconstrução do modelo pode ser vista em www.sicencemuseum.org.uk/on-line/treasure/objects/1977-310.asp.
9. R.C. Olby, *The Path to the Double Helix*, Macmillan, 1974.
10. O famoso artigo deles pode ser encontrado em www.nature.com/nature/dna50/archive.html.

4

Justificação

INTRODUÇÃO

Você fez a sua descoberta e pensa que está na trilha de algo importante, mas agora as pessoas estão começando a perguntar "Onde estão as evidências"? Essa pergunta leva-nos para a nossa próxima fase a respeito de como a ciência funciona, o que tem a ver com o modo como as teorias relacionam-se com as evidências. Isso é o que os filósofos da ciência chamam de "justificação" (é evidente que, se as fases da descoberta e da justificação podem ser bem separadas, esta é em si mesmo uma questão filosófica).

Eis, então, a nossa questão fundamental: qual é o impacto dos dados experimentais nas teorias? Examinaremos duas respostas. A primeira coloca que os dados *verificam* as teorias; a segunda insiste que, ao contrário, os dados *falsificam* as teorias. Consideremos essas duas respostas antes de avançarmos para além delas.

VERIFICABILIDADE É TUDO O QUE IMPORTA!

A primeira resposta à nossa questão foi proposta, de maneira que ficou famosa, por um grupo heterogêneo de filósofos, cientistas, economistas e outros teóricos que vieram a ser conhecidos como os "positivistas lógicos". Eles eram chamados assim porque, em primeiro lugar, eram vistos como parte de uma linha de comentários da ciência que enfatizava o conhecimento científico como o supremo ou, em certo sentido, a mais autêntica forma de conhecimento, obtido por meio do apoio *positivo* dado às teorias pelas observações através do método científico; e, em segundo lugar, por que eles empregavam todos os recursos da lógica, e em particular a formalização da lógica tornada acessível por teóricos como Hilbert, Russell e Whitehead no início do século XX, tanto para analisar quanto para representar essa forma de conhecimento.

Há uma questão crucial que nos ajudará a compreender quais eram os propósitos dos positivista lógicos: qual é a diferença entre metafísica e física?

(Ou, em termos mais gerais, entre filosofia e ciência?) Essa era a questão que realmente incomodava os positivistas lógicos no início do século passado. Por um lado, a ciência parecia estar fazendo enormes progressos na explicação do mundo natural; por outro, os filósofos estavam desenvolvendo esquemas metafísicos cada vez mais elaborados, que pareciam impávidos em relação ao tipo de exigências sob as quais a ciência estava trabalhando. Aqui está uma maneira de entender a diferença entre metafísica e física; consideremos a diferença entre os seguintes tipos de perguntas:

Metafísica: "qual é a natureza do ser?" De acordo com os positivistas, esse tipo de pergunta não tinha respostas definitivas, e os filósofos não eram capazes de concordar não só a respeito da resposta, mas também a respeito dos fundamentos para determinar o que constitui uma resposta adequada.
Física: "a luz se curva ao redor do sol?" Esse tipo de pergunta não só parecia ter uma resposta definitiva, como os cientistas pareciam concordar sobre o critério de adequação – a saber, a *verificabilidade*. Nesse sentido, o trabalho de Einstein foi crucial.

Eis como Carnap, um dos mais famosos e importantes positivistas lógicos, colocou a questão:

> Durante um período quieto no Fronte Ocidental em 1917, eu li muitos livros em várias áreas, por exemplo, sobre a situação mundial e sobre as grandes questões da política, problemas de *Weltanschauung*, poesia, mas também de ciência e filosofia. Nesse período, conheci a teoria da relatividade de Einstein e fiquei fortemente impressionado e entusiasmado com a sua grandiosa simplicidade e o seu grande poder de explicação dos princípios básicos.[1]

Essa é uma imagem impressionante: metido nas trincheiras alemãs, entre a lama e os horrores da guerra, Carnap lia sobre a Teoria Geral da Relatividade, de Einstein, que mudou fundamentalmente nossas ideias sobre o tempo e o espaço, sugerindo que a matéria poderia curvar o espaço-tempo em sua volta, e o espaço-tempo curvo levar a mudanças na trajetória dos corpos. Tais corpos poderiam ser materiais e imateriais, como no caso dos fótons, dos quais a luz é composta.

Foi esse efeito que deu apoio à mais impressionante verificação da teoria de Einstein nos anos imediatamente posteriores à Primeira Guerra Mundial. A Relatividade Geral previu, por exemplo, que um objeto enorme, tal como o sol, distorceria o espaço-tempo e desviaria um raio de luz de uma estrela distante. Em 1919, Eddington, um reconhecido astrônomo britânico, e o seu grupo observaram exatamente tal desvio e quase exatamente do tamanho previsto pela teoria de Einstein. De repente, Einstein tornou-se um nome estabelecido, talvez devido à mudança radical na nossa visão do espaço e do tempo proposta por sua teoria, ou devido ao fato de que, no mundo do pós-guerra, o público simplesmente se entusiasmou com a ideia de um físico suíço-alemão ter sua teoria confirmada por um astrônomo britânico (e um *quaker* ainda).

Mais importante, no que nos concerne, isso teve um impacto tremendo sobre os positivistas e apoiou sua ideia crucial de que o que distinguia as teorias científicas da metafísica, poesia, etc., é a sua *verificabililidade* observacional. É isso que demarca a ciência das outras atividades humanas. De maneira não-surpreendente, talvez, também encontramos sentimentos similares expressos pelos próprios cientistas; eis um relato da atitude de von Hofmann, um famoso químico no século XIX, que descobriu vários corantes orgânicos e que foi o primeiro a introduzir o termo "valência" (para descrever a capacidade dos átomos de combinar) e a usar modelos moleculares em suas aulas:

> O professor A. Seiner relata que von Hofmann costumava dizer a ele e a outros pesquisadores que trabalhavam no seu laboratório em Berlim: "Eu ouvirei qualquer hipótese que for sugerida, mas sob uma condição – que você me mostre um método pelo qual ela possa ser testada". Sem tal condição, as criações de uma mente doente seriam tão valiosas quanto as especulações de um gênio científico, enquanto ideias férteis seriam procuradas não nos laboratórios, mas no sanatório. Uma hipótese deve, portanto, ser capaz de ser verificada, mesmo que os meios não estejam disponíveis para aplicar um teste crucial a ela no momento.[2]

VERIFICABILIDADE COMO DEMARCAÇÃO

Então, de acordo com os positivistas lógicos, para uma hipótese ser científica ela precisa ser capaz de ser verificada, isto é, precisa ser *verificável*. É a verificabilidade que demarca a ciência da não-ciência. Essa parece ser uma bela e clara maneira de separar o trigo científico do joio da não-ciência. Os positivistas foram ainda mais longe e insistiram que, para um enunciado ser *significativo*, ele deveria ser *verificável*, isto é, haver ao menos a possibilidade de que ele fosse verificado em princípio.

Eis como um outro renomado positivista abordou o assunto:

> O exemplo mais famoso exemplo disso [significado em termos de verificabilidade], que permanecerá notável para sempre, é a análise de Einstein do conceito de tempo, que consiste em nada mais do que um enunciado sobre o *significado* de nossas asserções sobre a simultaneidade de eventos espacialmente separados. Einstein disse aos físicos (e aos filósofos): vocês precisam primeiro dizer o que vocês *querem dizer* com simultaneidade, e isso vocês só poderão fazer mostrando como o enunciado "dois eventos são simultâneos" é verificado. Mas ao fazer isso vocês já terão então estabelecido completamente o significado e *sem restos*. O

que é verdadeiro sobre o conceito de simultaneidade também vale para qualquer outro; todo enunciado tem significado somente à medida que puder ser verificado; ele só *significa* o que é verificado e absolutamente *nada mais* além disso.[3]

Esse é um critério forte; forte demais talvez. Consideremos o enunciado "Para um enunciado ser significativo, ele deve ser verificável". Ele é significativo? Intuitivamente pareceria que sim (mesmo que você não concorde com ele), mas ele é verificável? Pareceria que não; afinal de contas, o que poderia verificá-lo? Mas então, por seu próprio critério, o princípio central da visão dos positivistas lógicos é sem significado!

Isso pode parecer ser uma objeção "filosófica" para o que parecia ser uma característica intuitivamente clara da prática científica, porém há outras, como veremos a seguir.

DA VERIFICAÇÃO À CONFIRMAÇÃO

Lembremo-nos da visão hipotético-dedutiva: formulamos uma hipótese (como? Quem sabe, quem se importa! Ao menos é isso o que Popper diria). Então, deduzimos uma observação possível de algum fenômeno, fazendo uma predição (ao menos se o fenômeno ainda tem de ser observado). De acordo com a visão da verificabilidade, se esse fenômeno é efetivamente observado, temos a verificação da teoria/hipótese. Mas essa verificação nos leva à verdade? Não; uma verificação não forma a verdade – a próxima predição pode não ser observada e a hipótese seria então considerada como falsa. Uma visão mais plausível seria dizer que, quanto maior o número e a variedade de verificações, maior será o apoio para a teoria e maior a *probabilidade* de ela ser verdadeira (lembre-se da visão indutiva).

O que isso sugere, no entanto, é que uma hipótese nunca pode ser completamente verificada e, por isso, a visão verificabilista precisa ser modificada. Com essa ideia em mente, os positivistas lógicos começaram a mudar sua ênfase da verificação de uma hipótese para a sua confirmação. Aqui temos Carnap novamente:

> Hipóteses sobre os eventos inobservados do mundo físico nunca podem ser completamente verificadas pela evidência observacional. Portanto, eu sugiro que nós abandonemos o conceito de verificação e digamos, em vez disso, que uma hipótese é mais ou menos confirmada ou não-confirmada pela evidência. Naquela época [1936], eu deixei em aberto a questão se seria possível definir uma medida quantitativa da confirmação. Mais tarde, introduzi o conceito quantitativo de grau de confirmação ou probabilidade lógica. Eu propus falar de confirmabilidade em vez de verificabilidade. Uma sentença é considerada confirmável se as

sentenças de observação podem contribuir quer positivamente quer negativamente para a sua confirmação.[4]

Desse modo, quanto mais evidências tivermos, mais a hipótese estará confirmada. Esta parece ser uma posição plausível e ela concorda com a percepção de senso comum de que a ciência é construída sobre "fatos". Entretanto, ela enfrenta uma série de problemas – alguns deles específicos a essa posição e alguns outros que se relacionam com a percepção de senso comum, como veremos.

Problemas

Em primeiro lugar, consideremos a seguinte questão: os enunciados são verificados isoladamente? A discussão anterior pareceu ter assumido que sim, na medida em que tomamos uma hipótese e então consideramos como a evidência a verifica ou confirma. Mas não é difícil de ver que isso é demasiado simplista. Consideremos novamente a hipótese de Einstein de que a curvatura do espaço-tempo em volta do sol conduz à curvatura da luz estrelar. O que está envolvido no teste dessa hipótese? Várias assunções tiveram de ser feitas a respeito da órbita da terra em torno do sol, a respeito do movimento da terra e do sol em relação às estrelas, e assim por diante. Várias partes de aparelhos tiveram de ser montadas para se fazer as observações e, a fim de entendê-las, várias outras hipóteses também tiveram de ser compreendidas. Em outras palavras, o teste experimental de uma teoria requer várias "hipóteses auxiliares" a fim de "enganchar" a teoria ou a hipótese nas evidências. Portanto, o que está de fato sendo verificado ou confirmado? Evidentemente não a hipótese original por si só; ao contrário, é toda a rede de hipóteses, a original mais as auxiliares, que se relaciona com a evidência. E, assim, a verificabilidade não pode ser um critério de significação para enunciados particulares, mas somente para uma rede toda. Isso é conhecido como o problema "Duhem-Quine" e é um problema porque, primeiro, não podemos mais falar de enunciados individuais que são significativos ou não, mas somente de redes completas de hipóteses inter-relacionadas. Segundo, trata-se de um problema porque, passando da verificação para a confirmação, a confirmação de hipóteses individuais não faz mais sentido, mas apenas a confirmação dessas redes inter-relacionadas. Contudo, agora essa posição parece menos plausível.

Em segundo lugar, consideremos outra questão: quantas observações são necessárias para verificar/confirmar uma hipótese até determinada medida? Em alguns casos, um certo número de observações é exigido antes que uma dada hipótese possa ser considerada suficientemente confirmada para que os cientistas a aceitem. Em outros, precisamos somente de uma, como na hipótese de que o fogo queima. Mais seriamente, a hipótese de Einstein a respeito da curvatura da luz foi tomada como tendo sido drasticamente confirmada pelas observações de Eddington. É claro que a hipótese era parte de uma grande Teoria Geral da Relatividade; não obstante, a confirmação foi vista como assombrosa ainda que não fosse conclusiva, certamente não exigindo um grande número de observações ulteriores. Mesmo nos casos em que mais observações são feitas e vistas como necessárias, mais questões aparecem, tais como se uma observação conta como uma nova observação ou apenas como repetição de uma já feita. Parece plausível dizer que, quanto mais observações diferentes forem feitas, mais a hipótese será confirmada e que meramente repetir as mesmas observações não deverá ser compreendido como um aumento da confirmação da hipótese. Mas então como, precisamente, as "novas" observações devem ser distinguidas das meras repetições?

É claro que os próprios cientistas terão muito para dizer sobre esse tipo de questão e, muitas vezes, eles se envolvem em acalorados debates sobre a significação de certas observações, mas o que nos interessa é se a distinção entre "novas" observações e repetições pode ser facilmente acomodada em nossa explicação da confirmação. Foram exatamente preocupações como essas, preocupações que tinham a ver com a questão de como várias características da prática científica efetiva podem ser capturadas por nossas explicações filosóficas, que levaram ao derradeiro declínio da posição positivista. Em particular, como veremos, a confiança implícita nas observações como uma espécie de terra firma da objetividade científica provou ser muito mais problemática do que originalmente antecipado.

Antes de passarmos a esse ponto, consideremos uma posição relacionada, que se mostrou muito mais bem-sucedida que o positivismo, ao menos entre os próprios cientistas.

NÃO, NÃO, É A FALSEABILIDADE!

Essa posição alternativa foi articulada por volta do mesmo período que o positivismo lógico e também foi fortemente influenciada pelos impressionantes sucessos científicos de Einstein. Essa posição, conhecida como "falseacionismo", por razões que logo ficarão claras, foi desenvolvida individualmente por Karl Popper, que começou objetivando tornar-se um professor de escola primária, recebeu seu PhD em filosofia e era amigo de alguns dos positivistas lógicos. Entretanto, o impacto de três "teorias" – a teoria marxista da história, a psicanálise freudiana e a psicologia adleriana – e a comparação com a teoria da relatividade de Einstein levaram-no a rejeitar inteiramente o verificacionismo. O que o incomodava a respeito das três teorias é que pareciam ser apoiadas pelo que ele chamou "um incessante fluxo de confirmações": todo evento político relatado nas notícias, até mesmo a maneira como era relatado, era tomado pelos marxistas da época de Popper como sustentando sua visão de que todas as estruturas políticas, sociais, culturais e científicas eram determinadas pelo modo de produção econômico; e os psicanalistas freudianos pareciam constantemente enfatizar como as teorias de Freud da repressão inconsciente ou do papel do complexo de Édipo (no qual a criança torna-se sexualmente fixada na mãe) na formação de neuroses eram verificadas por suas observações clínicas. Quanto a Adler, Popper trabalhou com ele por um curto período de tempo, ajudando socialmente com crianças carentes, e relatou a descrição de um caso que não lhe pareceu adaptar-se à teoria de Adler, mas que o psicanalista aparentemente não tinha dificuldade de explicar nos termos de sua teoria do papel do complexo de inferioridade. Isso não impressionou a Popper de modo algum, pois lhe parecia que tudo o que confirmava era que um caso particular poderia ser interpretado à luz da teoria.

Popper convida-nos a considerar dois exemplos de comportamento humano a fim de ilustrar o que ele pretendia mostrar: o primeiro é o de um homem que empurra uma criança pequena em um lago com a intenção de afogá-la; o segundo é o de um homem que sacrifica sua vida na tentativa de salvar a criança. Cada caso pode ser facilmente explicado ou pela psicologia freudiana ou pela adleriana. De acordo com Freud, o primeiro homem sofreu de repressão, talvez de algum aspecto do complexo de Édipo, em que seu desejo proibido, ele mesmo como uma criança, por sua mãe manifesta-se efetivamente por uma via indireta, levando-o a um ato de violência; o ato do segundo homem pode ser explicado por ele ter alcançado a sublimação, pela qual impulsos indesejáveis são transformados em algo menos prejudicial, sendo canalizados para um ato de heroísmo. Quanto a Adler, o ato do primeiro homem pode ser explicado por seus sentimentos intensos de inferioridade, que o levam a uma igualmente intensa necessidade de provar a si mesmo por algum meio, tal como cometer um crime horrível; o heroísmo do segundo homem pode ser explicado nos mesmos termos, o seu complexo de inferioridade o compele a provar a si mesmo tentando um salvamento ousado. O exemplo pode ser generalizado: não há nenhum aspecto do comportamento humano que não possa ser interpretado por qualquer uma das teorias. E foi essa característica, a de que os fatos sempre podem ser adaptados à teoria, que foi apresentada como o ponto forte dessas teorias. Entretanto, Popper insistiu que isso não é um ponto forte, mas uma fraqueza debilitante.

Comparemos esses exemplos àquele da teoria de Einstein e à predição de que a luz das estrelas se curvaria em volta do sol. Como aconteceu com os positivistas, isso foi algo que causou uma grande impressão em Popper. E o que o impressionou mais foi quão arriscada era a predição de Einstein: Eddington poderia ter saído, feito as suas observações e revelado que a luz das estrelas não era curva em volta do sol, que a predição era, de fato, falsa. Nesse caso, Popper insistia, a hipótese – e, na verdade, toda a Teoria Geral da Relatividade – teria sido *falsificada*, e *isso* era o que tornava a teoria de Einstein uma teoria científica, enquanto as teorias psicológicas de Freud e Adler eram meras pseudociências.

Comparemos e contrastemos:

Psicologia adleriana: não importa o que aconteça, a teoria tem uma explicação. Portanto, não há possibilidade de ela estar alguma vez errada; quaisquer e todos os fenômenos podem ser explicados e abarcados por ela. No entanto, se ela é consistente com *qualquer* tipo de comportamento humano, então ela não nos diz *nada* sobre o comportamento humano.

A Teoria Geral da Relatividade de Einstein: essa teoria faz predições definidas que poderiam ser falsas e, assim, criam a possibilidade de que ela própria seja falsa; em outras palavras, a teoria é *falseável*. É essa característica que distingue a ciência da metafísica e a ciência "genuína" da falsificada ou "pseudociência". Analisemos melhor essa ideia.

FALSEABILIDADE COMO DEMARCAÇÃO

De acordo com essa posição, para ser científica, uma hipótese precisa ser capaz de ser falsificada – isto é, precisa ser *falseável* – no sentido de que ela faz predições definidas que poderiam ser falsas. Portanto, é a falseabilidade, e não a verificabilidade, que demarca a ciência da não-ciência. Consideremos os seguintes exemplos:

Falseável	*Infalseável*
Sempre chove às segundas-feiras.	Ou está chovendo ou não está.
Todos os cisnes são brancos.	Todos os solteiros são não-casados.
A força gravitacional entre dois corpos é proporcional ao produto de suas massas e inversamente proporcional ao quadrado da distância entre eles.	Rompimentos amorosos são possíveis; alguma desonestidade na atitude do outro.

A afirmação de que sempre chove às segundas-feiras, embora aparentemente plausível quando feita num dia cinza de março em Leeds, é facilmente comprovada ao se esperar pela segunda-feira e ao se fazer as observações relevantes, enquanto "ou está chovendo ou não está" é sempre verdadeira, não importando quais sejam as condições lá fora (é o que os lógicos chamam de "tautologia"). Similarmente, a insistência de que "todos os cisnes são brancos" pode demonstrar-se (menos facilmente, se você mora no Reino Unido) falsa ao se viajar para a Austrália (ou talvez ao um zoológico decente, se você gosta desse tipo de lugar) e ao se observar os famosos cisnes pretos de Queensland. Entretanto, não há qualquer possibilidade de fazer algo semelhante com "todos os solteiros são não-casados", pois isso nunca pode ser falso; é verdadeiro pela definição da palavra "solteiro".

O terceiro exemplo é mais polêmico. "A atração gravitacional entre dois corpos é proporcional ao produto de suas massas..." é um enunciado (parcial) da Lei de Newton da Gravitação Universal, e de novo podemos facilmente imaginar como ela poderia ter sido falsa – poderia ser, por exemplo, que a atração gravitacional não fosse inversamente proporcional ao quadrado da distância entre as massas, mas inversamente proporcional ao quadrado e um pouquinho mais, digamos 2,05. Ou, em vez de ser inteiramente atrativa e proporcional ao produto das massas, poderia ter havido um componente repulsivo; e de fato algo parecido com isso foi sugerido há alguns anos, embora se tenha descoberto não ser verdade. Agora, o problema com "Rompimentos amorosos são possíveis", por comparação, não é que seja verdadeiro logicamente ou por definição (a menos que você tenha uma visão muito cínica do amor), mas que é tão vago e não-específico que é difícil ver como tal afirmação poderia demonstrar-se falsa. Aqui temos um outro exemplo, tomado do "meu" horóscopo de um jornal tabloide: "Assuntos de dinheiro serão importantes hoje". Bem, quando dinheiro não é importante?! Eu posso estar preocupado com o meu pagamento, com a quantia que eu recém gastei no meu *iPod*, ou, mais sem graça, com a minha hipoteca. Ou seja, é difícil ver sob quais circunstâncias tal enunciado poderia ser falsificado, e esse é o problema com a astrologia, a saber: suas afirmações são muitas vezes demasiado não-específicas para serem falsificadas e, portanto, elas não excluem nada nem nos dizem nada (e, quando são específicas, elas são simplesmente falsas, como a predição feita por um famoso astrólogo de um tablóide de que um novo objeto descoberto no sistema solar além de Plutão seria classificado como um planeta, algo que talvez se pudesse pensar que ocuparia os astrólogos, mas não foi o que aconteceu). Por essa razão, dessa perspectiva, a astrologia não contaria como científica.

Coloquemos o gato filosófico entre os passarinhos psicológicos. Em qual categoria – falseável ou infalseável – cabe o seguinte?

> De qualquer modo, podemos criar uma fórmula para a formação do caráter final a partir dos traços de caráter constituinte: os traços de caráter permanentes são

ou perpetuações inalteradas de impulsos originais, sublimação deles, ou formação-de-reações contra eles.[5]

Freud está falando sobre a formação de nossas personalidades adultas – para colocá-lo de modo grosseiro – sob a base de certos traços de caráter infantis. E o que ele parece estar dizendo aqui é que os nossos caracteres adultos são ou continuações diretas de nossos caracteres juvenis, ou formas sublimadas deles, ou ainda baseadas em reações contra eles. Assim, eu sou o que sou porque eu era o que eu era como criança; ou porque eu sublimei o que eu era como criança ou porque eu estou reagindo contra o que eu era como criança. Ele deixou alguma coisa de fora? Se você fosse examinar a personalidade da pessoa ao seu lado e você tivesse acesso a alguns dados a respeito de como ela era como criança, há qualquer possibilidade de a hipótese de Freud demonstrar-se falsa? Ao não excluir nada, ele parece ter tornado sua hipótese infalseável e, portanto, dessa perspectiva, a psicologia freudiana, como a astrologia, não conta como científica.

Contudo, essa é uma afirmação polêmica, e os psicólogos podem responder tanto reformulando a teoria freudiana, de modo a torná-la falseável, quanto questionando a própria posição popperiana e rejeitando a falseabilidade como o critério de demarcação entre a ciência e a pseudociência (ou eles podem abandonar Freud por completo e apresentar uma teoria melhor!). Como veremos, há razões para concluir que a posição popperiana não se apresenta tão sem dificuldades como pode parecer e que a falseabilidade não é a melhor maneira de caracterizar a empreitada científica. Antes que cheguemos a esse ponto, no entanto, deixemo-nos ficar um pouco mais e apreciemos algumas das virtudes da posição "falseacionista".

Vale a pena notar, por exemplo, que no final das contas ela se assenta em um ponto (lógico) simples: você nunca pode provar uma teoria verdadeira ao acumular mais e mais observações positivas (isto é, por indução), pois não importa quantos cisnes brancos você observou, sempre poderá haver mais cisnes por aí que você não tenha observado e eles poderão ser pretos. No entanto, você pode provar que uma teoria é falsa por observar somente um cisne preto, por exemplo. Eis como o próprio Popper colocou essa questão:

> Teorias científicas nunca podem ser "justificadas" ou verificadas. Mas, apesar disso, uma hipótese A pode sob certas circunstâncias alcançar mais que uma hipótese B – talvez porque B é contradita por certos resultados de observação, e portanto é "falseada" por eles, enquanto A não é falseada; ou talvez porque um número maior de predições pode ser derivado com a ajuda de A mais do que com a ajuda de B. O melhor que temos a dizer a respeito de uma hipótese é que até agora ela foi capaz de mostrar o seu valor e que ela tem tido mais sucesso que as

outras hipóteses, embora em princípio ela não possa nunca ser justificada, verificada ou mesmo ser mostrada provável (...) Essa avaliação da hipótese apóia-se unicamente nas consequências (predições) que podem ser derivadas da hipótese. Não há necessidade nem mesmo de mencionar a indução.[6]

Note-se que o melhor que podemos dizer a respeito de uma hipótese, de acordo com Popper, não é que ela seja verdadeira, mas somente que ela "mostrou seu valor" até agora. Hipóteses e teorias podem apenas ser aceitas provisoriamente, pois a possibilidade de falseamento está aí ao se dobrar a esquina. Isso dá lugar a uma visão razoavelmente simples de como a ciência funciona e, assim como com o positivismo, trata-se de uma visão que se mostrou atraente a muitos cientistas. Vejamos Oppenheimer, um físico chamado "pai da bomba atômica", falando sobre Freud:

> (...) uma das características que deve levantar suspeitas dos dogmas que alguns dos seguidores de Freud construíram sobre a base dos trabalhos iniciais brilhantes de Freud é a tendência para um sistema autovedado, um sistema, isto é, que tem uma maneira de automaticamente descontar a evidência que possa contar como adversa à doutrina. O propósito da ciência é fazer justamente o oposto: convidar a detecção de erros e recebê-la bem. Alguns de vocês poderão pensar que, em um outro campo, um sistema comparável foi desenvolvido pelos seguidores recentes de Marx.[7]

COMO A CIÊNCIA FUNCIONA (DE ACORDO COM O FALSACIONISTA)

Lembremo-nos da visão de Popper a respeito da descoberta científica: não é função do filósofo da ciência preocupar-se com o modo como os cientistas chegam às suas teorias e hipóteses. Poderia ser através de sonhos ou drogas, mas, não obstante como se chega a elas, o processo não é racional, diferentemente da fase da "justificação", quando a hipótese é confrontada com a evidência. Isso é o que nos deveria ocupar, segundo Popper, e é nessa confrontação que se encontra a racionalidade da ciência. E o aspecto crucial da relação entre a hipótese e a evidência tem a ver com o seu potencial de ser falsificada.

Eis, portanto, como a ciência funciona, de acordo com o falseacionista: começamos com uma hipótese, à qual chegamos não importa de que maneira. A partir dela, por dedução lógica, fazemos uma predição sobre algum fenômeno empírico. Se a predição é incorreta, a hipótese está falsificada, então apresentamos uma outra. Se ela se sustenta, tomamos a hipótese como tendo "mostrado o seu valor" por ora e a testamos novamente, até que ela também falhe, então apresentamos uma outra melhor. Dessa maneira, a ciência progride. Eis o que diz Popper:

> Um cientista – seja teórico, seja experimental – adianta enunciados, ou sistemas de enunciados, e os testa passo a passo. No campo das ciências empíricas, mais particularmente, ele constrói hipóteses, ou sistemas de teorias, e os testa contra a experiência através da observação e do experimento (...) Eu sugiro que é a tarefa da lógica da descoberta científica, ou da lógica do conhecimento, oferecer uma análise lógica desse procedimento; isso é analisar o método das ciências empíricas.[8]

As melhores hipóteses, segundo essa visão, são aquelas altamente falseáveis, porque elas não são vagas, mas específicas e fazem predições precisas e, portanto, dizem mais a respeito do mundo. Essas são as hipóteses, como a de Einstein, que "põe a cabeça a prêmio" e fazem conjecturas ousadas. Eis, pois, o quadro completo do falseacionista.

Conjectura e refutações

Começamos enfrentando um problema científico, tal como algum fenômeno que precisa ser explicado, e a fim de resolver o problema e explicar o fenômeno, apresentamos uma conjectura ousada. A partir dela, deduzimos alguma consequência observável relacionada com o fenômeno que forma a base de um teste experimental. Se a hipótese passa no teste, a conjectura é considerada corroborada – não confirmada ou verdadeira, mas meramente corroborada e aceita como a melhor que temos até agora. Além disso, ela é aceita apenas provisoriamente à medida que planejamos testes mais precisos. Uma vez que a conjectura falha em um desses testes, consideramos a conjetura falsificada e temos de apresentar uma nova. Porém, ao falsificarmos a nossa conjectura ousada e planejar uma nova, aprendemos sobre o mundo, sobre como funciona, e nessa base fazemos progressos.

A visão darwiniana da ciência

Esta pode ser considerada como uma espécie de visão darwiniana da ciência, no sentido de que as hipóteses são jogadas às feras da experiência e somente as mais bem-adaptadas sobrevivem. Eis Popper novamente:

> Eu posso tranquilamente admitir que o falseacionista como eu prefere uma tentativa de resolver um problema interessante através de uma conjectura ousada, mesmo que (e especialmente se) ela logo se revele falsa, a qualquer recital de uma sequência de truísmos irrelevantes. Preferimos isso porque acreditamos que esse é o caminho por meio do qual podemos aprender com nossos erros e porque,

ao descobrirmos que a nossa conjectura era falsa, teremos aprendido muito sobre a verdade e teremos chegado mais próximos da verdade.[9]

Como já mencionei, muitos cientistas pareciam ser favoráveis a esse tipo de abordagem. Um dos apoiadores mais proeminentes da visão falseacionista foi *Sir* Peter Medawar, que recebeu o Prêmio Nobel de Fisiologia ou Medicina em 1960 pela descoberta da "tolerância imunológica adquirida", que teve um enorme impacto no enxerto de tecidos e no transplante de órgãos. Ele afirmou que o clássico de Popper, *A lógica da descoberta científica*, foi "um dos mais importantes documentos do século XX" e escreveu que "o processo pelo qual chegamos a formular uma hipótese não é ilógico, mas não-lógico, isto é, está fora da lógica. No entanto, depois que formamos uma opinião, podemos expô-la à crítica, usualmente através da experimentação; esse processo está no âmbito da – e utiliza a – lógica".[10] Contudo, apesar dos endossos de celebridades, o falseacionismo também enfrenta problemas fundamentais.

Problemas

Em primeiro lugar, lembremo-nos do que foi dito durante a discussão sobre o verificacionismo: qualquer teste experimental de uma hipótese requer hipóteses "auxiliares" – sobre os instrumentos, por exemplo – e isso significa que a hipótese pela qual estamos interessados não é falseável isoladamente. Quando nos deparamos com uma predição incorreta, é o pacote todo que tem de ser considerado falsificado. Mas isso significa que nós sempre poderíamos "salvar" a nossa hipótese da falsificação ao insistir que as hipóteses auxiliares é que são as culpadas.

Eis um exemplo interessante: neutrinos são partículas elementares produzidas em reações nucleares, tais como estas que ocorrem no núcleo, e, no final das contas, o centro de energia de estrelas como o nosso sol. Bilhões de neutrinos fluem do sol a cada segundo, mas eles interagem tão pouco com a matéria que nem os detectamos. Além disso, tal como os fótons que constituem a luz, eles não têm massa e viajam à velocidade da luz. Eles interagem muito fracamente com uma outra espécie de partícula elementar – os prótons, que junto com os nêutrons formam os núcleos dos átomos. Então, a fim de detectar os neutrinos, você precisa de algo rico em prótons. Felizmente, dispomos de algo assim que é razoavelmente barato: os detergentes!

Mas por que estaríamos interessados em detectar neutrinos? Ora, como são produzidos pelas reações nucleares no centro do sol, eles efetivamente nos oferecem uma maneira de "olhar" esse centro. Assim, se juntarmos uma quantidade de detergentes – eu quero dizer uma quantidade enorme, em enormes tanques do produto –, poderemos obter tantas interações com os prótons para ter uma ideia do fluxo de neutrinos do sol. A fim de nos certificarmos de que estamos vendo apenas as interações de neutrinos, vamos precisar selar o nosso tanque para outros tipos de interações de partículas, e uma maneira de fazer isso é usar a própria terra, colocando o tanque numa mina, por exemplo. Desse modo, temos um projeto interessante para um doutorando sem sorte: sentar no fundo de uma mina por meses e contar as interações de neutrinos (usando, é lógico, instrumentos sofisticados para contá-los).

De acordo com as nossas melhores teorias a respeito de como o sol funciona, deveríamos ver uma certa taxa de fluxo de neutrinos, isto é, um certo número de neutrinos por segundo. Porém, quando o doutorando sem sorte emerge, piscando em função da luz solar, ele relata que a taxa observada é de um terço daquela predita pela teoria. Se os físicos fossem verdadeiros falseacionistas, abandonariam sua teoria, aceitando que ela foi falsificada. Entretanto, sua teoria sobre o sol foi bem-confirmada por outras observações, baseou-se em e incorporou teorias de outras áreas, tais como a física nuclear, teorias estas que foram bem-confirmadas e que pareciam funcionar para outras estrelas tanto quanto para o sol. Assim, os cientistas estavam relutantes em simplesmente abandoná-la, como um franco falseacionista advogaria. Em vez disso, eles começaram a se perguntar se a sua visão do neutrino não era falha – foi sugerido que talvez ele venha em três diferentes espécies de tipos ou sabores e que oscile de um para os outros à medida que viaja pelo espaço entre o sol e o tanque de detergente, com uma espécie interagindo apropriadamente com os prótons, de modo que o doutorando detecta somente um terço da taxa que deveria. O que os cientistas fizeram foi interferir nas hipóteses "auxiliares", as pressuposições extras que eram feitas quando uma teoria como essa é testada. Se este é um movimento simplesmente *ad hoc*, então é difícil vê-lo como mais do que uma manobra para salvar o pescoço, com o propósito de salvar a teoria a qualquer preço. E, se todo mundo fizesse isso quando encontrasse uma observação aparentemente falsificadora, então nenhuma teoria seria alguma vez falsificada ou estaria aberta à revisão porque ela falhou em um teste experimental, e nós poderíamos questionar quão objetiva é a ciência. Mas a mudança na hipótese auxiliar está, nesse caso, ela mesma sujeita ao teste empírico, ou à falsificação ou à confirmação, e se confirmada conduzirá a avanços científicos ulteriores, à medida que a nova teoria do neutrino é mais explorada.

De repente, a visão falseacionista e a sua resposta à questão de como a ciência funciona parecem menos claras. Se não podemos dizer com certeza que é a hipótese pela qual estamos interessados que está falsificada, como podemos avançar e apresentar uma nova conjectura ousada? Como podemos aprender a respeito do mundo? Como pode a ciência progredir?

Em segundo lugar, se examinamos a história da ciência, podemos descobrir casos nos quais as teorias enfrentam evidência aparentemente falsificadora tão logo são propostas. Elas podem explicar um fenômeno particular, mas haverá outros, talvez comparativamente menores ou de alguma maneira problemáticos, que conflitam com elas. Em outras palavras, como o filósofo da ciência Imre Lakatos colocou a questão, algumas teorias (talvez muitas) nasceram refutadas! Mas os cientistas envolvidos não as abandonaram e apresentaram uma outra conjectura ousada, tal como Popper dizia que deviam fazer. Eles aderiram às suas hipótese originais e se recusaram a abandoná-las. E ainda bem que o fizeram, em função de que alguns dos exemplos incluem a teoria da gravitação de Newton e o famoso modelo do átomo de Bohr! Consideremos o primeiro: tão logo foi proposta, notou-se que a lei de Newton estava em conflito com as observações das órbitas da lua; porém, em vez de considerar essa lei falsificada, Newton persistiu e a desenvolveu. Por fim, determinou-se que as observações eram falhas (devido à pouca precisão dos instrumentos).

Não é necessária muita reflexão para ver que o falseacionismo simples não pode ser uma boa estratégia a ser seguida. Imagine-se que só você descobriu uma teoria e que ela resistiu a alguns testes de modo a fazê-la parecer plausível, mas que ela é também a única na área. Agora imagine que uma observação aparentemente falsificadora é feita – você abandonará a teoria? Improvável. O ponto é que os cientistas tipicamente não desistem da única teoria que eles têm, sobretudo devido à falibilidade das observações. Eis Lakatos novamente:

> Contrariamente ao falseacionismo ingênuo, nenhum experimento, relato experimental, enunciado de observação ou hipótese falsificadora bem-corroborada de primeiro nível em isolamento pode conduzir à falsificação (...) Não há falsificação antes do surgimento de uma teoria melhor.[11]

Contudo, há um problema mais sério que aflige tanto a abordagem verificacionista quanto a falseacionista: quão seguras são as observações? De nenhuma maneira são seguras, segundo alguns, e examinaremos isso no Capítulo 5.

EXERCÍCIO DE ESTUDO 1: O MÉTODO CIENTÍFICO

Você pensa que descobertas científicas como a de Kary Mullis do PCR são aceitas pela comunidade porque elas recebem suporte dos fatos, ou que elas são aceitas por outras razões? Se você considera que certos fatos estão envolvidos, o que conta como um fato? Se outros fatores estão envolvidos, quais são eles?

Você pensa que há algo que possa ser chamado de "método científico"? Esse método pode ser usado para distinguir o trabalho científico de outras atividades humanas, como pintura, feitiçaria ou filosofia? Colocando suas respostas juntas, como você caracterizaria o "método científico", se é que acredita em tal coisa?

Agora leia a passagem a seguir. É um outro extrato de Feyerabend, nosso famoso e provocativo filósofo da ciência.

> (...) fatos somente não são fortes o suficiente para nos fazer aceitar, ou rejeitar, teorias científicas, pois a amplitude que eles permitem ao pensamento é *larga demais*; a lógica e a metodologia eliminam demais, elas são *estreitas demais*. Entre esses dois extremos está o domínio sempre em alteração das ideias e dos desejos humanos. E uma análise mais detalhadas dos movimentos bem-sucedidos no jogo da ciência ("bem-sucedido" do ponto de vista dos próprios cientistas) mostra de fato que há um amplo espaço de liberdade que *demanda* uma multiplicidade de ideias e *permite* a aplicação de procedimentos democráticos (voto em urna), mas que está efetivamente fechado por poderes políticos e pela propaganda. *É aqui que o conto de fadas de um método especial assume sua função decisiva.* Ele esconde a liberdade de decisão que os cientistas criativos e o público em geral têm mesmo dentro das partes mais rígidas e mais avançadas da ciência pela cantilena de critérios "objetivos" e, assim, protege os grandes (vencedores do Prêmio Nobel, chefes de laboratórios, de organizações como a Associação Médica Americana, de escolas especiais, "educadores", etc.) das massas (de leigos, de especialistas em áreas não-científicas, especialistas em outras áreas da ciência): somente contam esses cidadãos que foram submetidos às pressões das instituições científicas (eles passaram por um longo processo de educação), que sucumbiram a essas pressões (eles passaram em seus exames) e que estão agora firmemente convencidos da verdade do conto de fadas. É assim que os cientistas enganaram a si próprios e a todos os outros a respeito de seu trabalho, mas sem qualquer desvantagem real: eles têm mais dinheiro, mais autoridade, mais apelo sexual do que merecem, e os procedimentos mais estúpidos e os resultados mais risíveis em seus domínios são circundados por uma aura de excelência. É hora de colocá-los nos seus lugares e de dar-lhes uma posição mais modesta na sociedade.[12]

Você concorda com Feyerabend que a ideia de um método científico especial é somente um conto de fadas? Você concorda que tal método serve meramente para proteger os "grandes" na ciência das "massas"? Você concorda que os cientistas têm mais dinheiro, autoridade e apelo sexual do que merecem?

Se você concorda com Feyerabend sobre esses tópicos, quais são as implicações tanto para o modo como o trabalho científico deveria ser conduzido quanto para o papel da ciência na sociedade?

Se você não concorda com ele, como usaria a sua compreensão do que é o método científico para responder às afirmações de Feyerabend?

NOTAS

1. R. Carnap, "Intellectual Autobiography", in *The Philosophy of Rudolf Carnap*, P.A. Scilpp (ed.), Open Court, 1963, p. 10.
2. R. Gregory, *Discovery: Of The Spirit and Service of Science*, Macmillan, 1923, p. 162.
3. M. Schlick, "Positivism and Realism", in *The Philosophy of Science*, R. Boyd et al. (eds.), MIT Press, 1991, p.42.
4. R. Carnap, "Intellectual Autobiography", p. 59.
5. S. Freud, *Character and Culture*, Schribner Paper Fiction, 1963, p.33.
6. K. R. Popper, "On the So-Called (Logic of Induction) and the 'Probability Hypothesis'", *Erkenntnis*, 5 (1935), p. 170ff. Reproduzido em *The Logic of Scientific Discovery*, Hutchinson, 1959, p. 315.
7. R. Oppenheimer, "Physics in the Contemporary World", aula dada no MIT, 1947. In *The Open Mind*, Simon and Schuster, 1955.
8. K.R. Popper, *The Logic of Scientific Discovery*, Basic Books, p. 27.
9. K.R. Popper, *Conjectures and Refutations*, Routledge and Kegan Paul, 1969, p. 232.
10. P. Medawar, "Induction and Intuition in Scientific Thought", *Memoirs of the American Philosophical Society*, 75 (1969), p. 35-37; reimpresso em P. Medawar, *Pluto's republic*, Oxford University Press.
11. I. Lakatos, "Falsification and the Methodology of Scientific Research Programmes" (1970), em *Criticism and the Growth of Knowledge*, I. Lakatos e A. Musgrave (eds.) Cambridge University Press, 1986, p. 184.
12. P.K. Feyerabend, *Against the Method: Outline of an Anarchistic Theory of Knowledge*, Verso, 1978, p. 303-304.

5

Observação

Nós nos lembramos do capítulo anterior que tanto o verificacionista quanto o falseacionista afirmam que teorias e hipóteses são testadas contra enunciados de observação. Desse modo, para as teorias as serem testadas (e então serem ou verificadas ou falsificadas, dependendo do nosso ponto de vista), esses enunciados de observação precisam ser *seguros*. Permitam-me colocar isso de outro modo: uma visão típica, muitas vezes expressa pelos cientistas e pelos leigos, é que a "ciência é uma estrutura construída sobre fatos",[1] e então precisamos perguntar: quão sólidos são os fatos?

Comecemos com uma questão secundária que nos ajudará a lidar com a nossa primeira questão: como obtemos os fatos? A resposta é óbvia: através da *observação*. Consideremos a natureza da observação, começando com uma abordagem de senso comum.

A VISÃO DE SENSO COMUM DA OBSERVAÇÃO

No centro dessa visão está a afirmação de que o olho é como uma câmera: a luz entra através das pupilas, sofre refração pelas lentes e forma uma imagem na retina. Isso estimula bastonetes e cones, enquanto impulsos elétricos são transmitidos pelo nervo ótico ao cérebro e, *voilá*, o sujeito "observa". Ora, acontece que, segundo essa visão, duas pessoas vendo o mesmo objeto nas mesmas circunstâncias – uma bela escultura numa peça bem-iluminada, por exemplo – "verão" a mesma coisa. Bem, de fato, elas não verão.

HÁ MAIS EM RELAÇÃO AO VER QUE O QUE TOCA O GLOBO OCULAR

Acontece que duas pessoas vendo o mesmo objeto nas mesmas circunstâncias podem, de fato, não "ver" a mesma coisa. Como o filósofo da ciência Hanson colocou isso, muito apropriadamente, "há mais em relação ao ver que o que toca o globo ocular".[2] Aqui estão alguns exemplos:

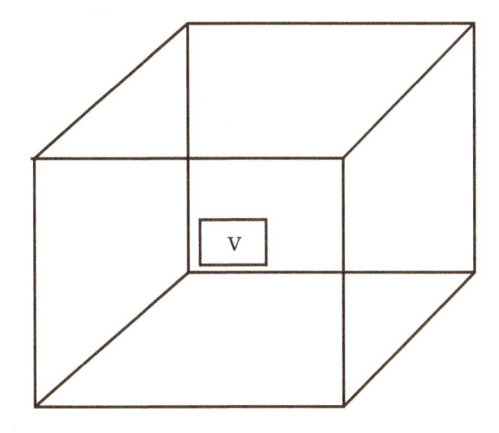

Este é o famoso cubo de Necker, assim chamado em homenagem ao cristalógrafo suíço do século XIX, Louis Albert Necker. Se você focar no vértice marcado "v", poderá parecer que ele está na parte posterior do cubo, mas uma mudança de foco poderá trazê-lo para frente, como se ele fosse projetado para fora da página (isso é conhecido como "projeção multiestável"). A figura é ambígua: onde duas linhas se cruzam, não recebemos pistas quanto ao que está atrás e o que na frente. Assim, duas pessoas olhando para essa imagem, sob as mesmas condições de iluminação, etc., podem "ver" coisas diferentes. E, mesmo assim, elas somente "verão" um cubo de qualquer maneira, porque aceitaram e internalizaram as convenções da arte "ocidental" quanto à perspectiva (convenções que foram introduzidas, afirma-se usualmente, pelo artista renascentista Brunelleschi no século XIV) e à representação bidimensional de objetos tridimensionais. Alguém oriundo de uma cultura diferente, operando com convenções diferentes, pode não ver cubo algum, só um amontoado de linhas retas.

Eis um outro exemplo, a famosa imagem do pato/coelho:[3]

Isto é uma ave de alguma espécie? Ou um coelho? (ou alguma outra criatura grotesca, mal desenhada pelo autor). Vista de um modo, pode parecer como uma ave; vista de outro, parece um coelho. A imagem na retina é a mesma, mas a sua experiência perceptual e a minha podem ser completamente diferentes.

De modo que o que você vê não é determinado simplesmente pela luz que incide em sua retina. Isso é determinado por uma série de outros fatores: pela sua disposição mental, pelas suas crenças antecedentes, pelas minhas sugestões, por exemplo.

Além disso, você se lembra da primeira vez em que olhou por um microscópio? Eu me lembro – por um bom tempo, tudo o que eu podia "ver" eram as minhas próprias pálpebras! Leva algum tempo para se aprender a usar um microscópio, para distinguir o que se supõe que você dever ver e o que é material estranho. O mesmo vale para o telescópio. Lembremo-nos de um pouco de história: o telescópio não foi inventado por Galileu, mas ele certamente foi um dos primeiros a usá-lo para o que hoje consideraríamos propósitos científicos e a desenvolvê-lo ainda mais. Foi através do seu telescópio grosseiro que ele "observou" as luas de Júpiter e mapeou características da superfície da lua, observações que (afirma-se tipicamente) tanto fizeram para desbancar a velha visão "aristotélica" dos céus. De acordo com aquela visão por muito tempo sustentada, os planetas, ou as "estrelas errantes" como eram chamadas, eram esferas perfeitas, mantidas em suas órbitas por esferas cristalinas e conduzidas em suas órbitas por um "primeiro motor", subsequentemente identificado, na apropriação cristã da ciência aristotélica e da astronomia, com Deus. As observações de Galileu perturbaram essa imagem, aparentemente ao mostrarem que Júpiter era orbitado por corpos subsidiários – suas luas – e que a lua da Terra não era perfeita, mas de fato tomada de montanhas, "mares" e estruturas físicas.

Existe uma história famosa a respeito das suas tentativas de convencer os colegas da Universidade de Pádua da veracidade de suas observações: Galileu apontou seu telescópio para Júpiter, convidou os colegas a notar as pequenas manchas de luz que ele afirmava que eram luas e, mais ou menos desse modo, afastou-se e declarou a morte da visão aristotélica de mundo. Mas a história continua, pois seus colegas permaneceram não-convencidos, recusando-se a aceitar as observações de Galileu. Estúpidos! Como poderiam esses supostos conhecedores do assunto se recusar a aceitar a evidência de seus próprios olhos? A história tipicamente termina com uma moral sobre o heroísmo científico de Galileu ao superar as objeções de seus detratores.

Examinaremos um pouco melhor essa pequena e bela história. Os colegas de Galileu eram uns tolos? Eis um homem, apontando um instrumento nãousual aos céus durante a noite e pedindo que aceitem que aquelas pequenas manchas de luz são luas de Júpiter. Poderia ele dizer-lhes como o telescópio funcionava? Não. Na verdade, a teoria da ótica que ofereceria tal explicação só seria desenvolvida bem mais tarde. Poderia ele ao menos confirmar que o telescópio aumentava os objetos? Ora, Galileu podia apontá-lo para um objeto terrestre, a torre de uma igreja no caminho, por exemplo, e mostrar que o aparelho aumentava aquele objeto, mas, é claro, os aristotélicos acreditavam que as leis que se aplicavam aos objetos terrestres eram muito diferentes daquelas que se aplicavam aos céus, que os primeiros padeciam de decadência e morte e mudança em geral, enquanto os últimos eram incorruptíveis e imutáveis. Por que deveriam aceitar que algo que funcionava aumentando os objetos terrestres funcionaria da mesma maneira quando apontado aos céus? Além disso, as imagens de objetos terrestres não eram perfeitamente claras: elas eram distorcidas, sofriam do efeito arco-íris de aberração cromática. Como Galileu podia saber que esses pontos de luz não eram algum efeito ótico ou o resultado de algum defeito das lentes do telescópio?

O fato de que seus colegas estariam justificados em permanecer céticos em relação às observações de Galileu parece claro se consideramos suas observações da superfície da lua. Uma bela representação do que Galileu desenhou pode ser encontrado na *web*. Se nós a comparamos a fotografias, vemos que na verdade ela não corresponde ao que agora vemos tão bem assim. Em particular, os rascunhos de Galileu mostram uma grande cratera – que ele pensava que se parecia bastante com a Boêmia – bem no meio da lua, que simplesmente não está de acordo com nada do que vemos hoje.[4] Evidentemente, as observações de Galileu não eram tão seguras.

Mas não sejamos tão céticos assim. Galileu era capaz de mostrar que as manchas de luz que estava observando não eram defeitos do seu telescópio, ou ilusões óticas ou algum efeito ótico peculiar, e era capaz de fazê-lo facilmente: ele os observou em noites diferentes, sob condições diferentes, e podia mostrar que mudavam sua posição nos céus relativamente à posição fixa do telescópio. À medida que ele e outros usavam esse novo instrumento, cada vez mais se tornavam gradativamente adeptos dele, começando a entender suas deficiências e a compreender o que o telescópio podia e o que não podia fazer.

Esse último ponto é importante, talvez fundamental. A observação envolve, de modo crucial e profundo, desenvolver um tato para o que o instrumento pode fazer, quais são suas limitações, até que ponto ele pode ou não ser "forçado" e estendido para novas situações. E as próprias observações ou os seus resultados precisam ser interpretados. Consideremos uma visita ao hospital. O médico insere os raios X nos seus sustentáculos de metal, daquela maneira dramática que vemos na TV, e diz: "Ah, aqui está o problema. Você vê isso?", apontando algum ponto ou sombra que parece um pouco diferente das estruturas de fundo que são ossos, pulmão e órgãos. É claro que você não pode vê-lo, já que não foi treinado para fazê-lo da maneira como o médico foi. Você precisa aprender a ver, a observar a fratura, o vazo rompido, o tumor. Um outro cientista que se tornou filósofo da ciência, Polyani, relata que um psiquiatra uma vez disse aos seus estudantes: "Cavalheiros, vocês viram uma incisão verdadeiramente elíptica. Eu não posso dizer como reconhecê-la; vocês aprenderão quando tiverem mais experiência".[5]

Qual é a moral aqui? Bem, o ponto é que o que você "vê" (as experiências perceptivas que você tem) não é simplesmente determinado pela imagem na retina; isso também depende do seu treino, da sua experiência, do seu conhecimento, das suas expectativas, das suas crenças, das suas pressuposições teóricas, etc. Mas então quão seguras são as nossas observações? Talvez elas sejam tão seguras quanto o conhecimento, as crenças, as pressuposições teóricas, etc., que as informam. Analisaremos esse ponto um pouco mais.

O MITO DO ENUNCIADO DE OBSERVAÇÃO SEGURO

Uma maneira pela qual a segurança aparente das observações alimentou a nossa visão filosófica da prática científica foi a seguinte: filósofos da ciência concentraram-se nas experiências perceptivas dos observadores (que eles entendiam ser privadas e particulares àquele indivíduo) e tomaram-nas justificativas dos enunciados de observação (que eram públicos e podiam ser afirmados por qualquer um, é claro); tais enunciados, por sua vez, foram vistos como verificáveis ou falsificáveis (dependendo se você é um empirista lógico ou um popperiano). Na medida em que os enunciados teóricos são universais – ao se referirem a que todos os corpos são atraídos pela gravidade uns aos outros, por exemplo –, eles ultrapassam os enunciados de observação, que tipicamente se referem a eventos particulares em tempos e lugares particulares.

A questão agora é: quão seguros são os enunciados de observação? Você poderá pensar que são bastante seguros, mesmo considerando o que acabamos de ver. Uma vez que eliminamos quaisquer erros e aprendemos a como manipular os instrumentos, certamente um enunciado que se refere a um evento particular é tão seguro e objetivo quanto qualquer coisa possa ser?

Consideremos a seguinte situação. Você volta para casa depois de um longo dia arrebentando-se no seu curso de filosofia (não ria!), louco por uma xícara de chá e uma refeição decente; porém, quando você liga o fogão, nada acontece. Então, pede ajuda ao companheiro de apartamento ou ao cônjuge ou a um observador casual: "Ei, o gás não liga" (não, não é um fogão elétrico). Este é um enunciado de observação seguro? Parece ser, mas considere o termo "gás". Isso era algo desconhecido (ao menos do modo como o usamos hoje) até o século XVIII, quando Joseph Black separou o ar em seus gases constituintes, os quais não são observáveis, ao menos não a olho nu, e nem é o gás usado para cozinhar sua refeição. "Gás" não é um termo observacional; assim, em que sentido o enunciado "O gás não liga" é observacional?

Eis um outro exemplo: você e seu amigo vão ao festival musical de Leeds. Mesmo que o seu trem não vá partir antes das 10 horas, seu amigo insiste em chegar lá meia hora antes e verificar os anúncios de partidas. Você suspira, desvia o olhar e diz para si mesmo, ou para ninguém em particular, "Ele é tão neurótico". Parece ser um simples enunciado de fato, mas nós sabemos que o conceito de neurose é algo que aparece em certas teorias psicológicas. Certamente não é algo observável, embora o comportamento associado possa ser. Na verdade, podemos dizer que "neurose" é um conceito teórico que se refere a algo inobservável. Do mesmo modo quando um químico afirma que "A estrutura do benzeno é observada como sendo parecida a um círculo", ele está referindo-se a algo – a estrutura de uma molécula – que não é observável, mas teórico. E, na verdade, os enunciados observacionais são tipicamente colocados na linguagem de uma teoria, ou ao menos podem envolver termos teóricos. Então, quão seguros eles são? Tão seguros quanto a teoria correspondente.

Na realidade, enunciados de observação que são aparentemente seguros e objetivos podem ser falsos. Consideremos o seguinte: "Vênus, como é vista da Terra, não muda de tamanho ao longo do ano". Se você observar Vênus – também conhecida como a Estrela da Manhã em certas partes do ano, ou Estrela da Noite em outras – com olhos nus, ela não parece mudar de tamanho. Contudo, se você observá-la com um telescópio, ela parece claramente mudar. Esse enunciado é um enunciado de observação *falso* que pressupõe a hipótese (falsa) de que o tamanho de uma pequena fonte de luz pode ser precisamente medida a olho nu, quando na verdade não pode.

Há outros exemplos de enunciados de observação falsos? O que você acha deste de Kepler: "Marte é quadrado e intensamente colorido!". Kepler foi um dos maiores astrônomos de todos os tempos; como ele pôde cometer um erro aparentemente tão elementar? Para falar a verdade, ele estava tomado de certas crenças a respeito de como fenômenos astrológicos deveriam adaptar-se a certos padrões geométricos. O problema é que os enunciados de observação tipicamente pressupõem teorias e, por conseguinte, são tão seguros quanto as teorias que eles pressupõem.

Isso obviamente introduz um problema para os testes de teorias e para a justificação em geral. Suponha que você tenha uma teoria a respeito de por que o seu fogão não funciona – você suspeita que há algo de errado com o mecanismo que regula a saída de gás e, para testar a sua teoria, você mexe nas válvulas, liga o fogão e então nota que "O gás não liga". Esse enunciado pressupõe o conceito de gás que por fim precisa ser compreendido no contexto da teoria relevante dos gases; e essa teoria, particularmente como ela se aplica ao comportamento dos gases no Mar do Norte, apóia-se em outras observações (feitas muito longe do seu humilde apartamento, nos laboratórios da British Gas talvez), que também pressupõem termos teóricos, e assim por diante. Isso é conhecido como "o regresso do experimentador": a teoria T é testada através de alguma observação O que pressupõe alguma outra teoria T', que se apoia em observações O', que pressupõem a teoria T", e o regresso acontece. O problema é: onde está o terreno firme? Em que se apóia a segurança das observações?

Uma resposta é simplesmente engolir esse ponto aparentemente impalatável. As observações não se apóiam em nenhum terreno firme e os enunciados de observação também são falíveis, assim como as teorias que eles sustentam ou falsificam. Popper, novamente, analisou bem esse ponto:

> A base empírica da ciência objetiva não tem nada de "absoluto" a respeito dela. A ciência não se assenta sobre terreno firme. A estrutura ousada de suas teorias ergue-se como se fosse sobre um banhado. É como uma construção erigida sobre estacas. As estacas são fincadas de cima para baixo no banhado, mas em qualquer base natural ou "dada"; e se paramos de fincar as estacas cada vez mais fundo não é porque alcançamos terra firme. Apenas paramos quando estamos satisfeitos de que as estacas estão firmes o suficiente para suportar a estrutura, ao menos por ora.[6]

Mas, você pode insistir, colocando todas as considerações anteriores de lado, observadores isentos podem ao menos concordar a respeito de quais enunciados de observação aceitar. Eles podem?

O MITO DO OBSERVADOR ISENTO

Há uma visão bastante conhecida e disseminada de que a observação científica deve ser isenta e livre de pressuposições. É a ausência de parcialidades que auxilia a sustentar a objetividade da ciência. No entanto, façamos a pergunta: os observadores *deveriam* ser isentos? Pense em um botânico que vai ao campo – a floresta amazônica, por exemplo – para fazer algumas "observações" botânicas. Será que ele simplesmente se lançará de pára-quedas na floresta, imparcial e sem pressuposições, e começará a observar, à esquerda, à direita, ao centro? E a observar o quê? Todas as plantas, todas as árvores, todos os animais e insetos estranhos? Não, é claro que não. Ele saberá o que está procurando, o que importa ou não, que condições são relevantes, etc. Ele poderá inclusive ter em mente – e com certeza terá – alguma teoria, algum conjunto de hipóteses que estão sendo testadas. É evidente que achados felizes acontecem, novas plantas ou animais são descobertos, por exemplo, mas um botânico observando em campo, sem parcialidades, ficaria sobrecarregado.

Eis aqui um outro exemplo, mais histórico, porém real. Um dos grandes avanços teóricos do século XIX – aliás, de todos os tempos – foi a teoria do eletromagnetismo de Maxwell, que efetivamente unificou a eletricidade e o magnetismo ao explicar a luz como um fenômeno eletromagnético e ao predizer a existência das ondas de rádio. Mais especificamente, predisse que essas ondas deviam viajar à mesma velocidade da luz. Em 1888, o grande cientista alemão Hertz tentou detectar as ondas de rádio e observou que a velocidade era de fato essa da luz. Contudo, se ele tivesse feito as suas observações de um modo imparcial, livre de pressuposições, o que teria observado? Teria observado as indicações nos medidores, a cor dos medidores, o tamanho dos medidores, o tamanho do laboratório, o tamanho de suas cuecas?! É claro que não! Muitas dessas "observações" seriam irrelevantes, mas o que determina quais observações são relevantes e quais não são? A resposta óbvia é que pressuposições teóricas ajudam a resolver isso. Na verdade, quando Hertz fez suas observações, descobriu que a velocidade das ondas de rádio não era igual à velocidade da luz porque algo que ele não considerava relevante mostrou-se muito relevante. Apesar de todos os seus esforços, suas observações recusavam-se a confirmar as predições de Maxwell. Se Hertz tivesse seguido a abordagem falsificacionista de Popper, ele teria declarado a teoria de Maxwell falsificada e a teria jogado fora. No entanto, essa teoria era extremamente bem-sucedida ao explicar outros fenômenos, e Hertz acreditava que eram as suas observações que eram falhas. De fato, foi descoberto, após a sua morte, que um dos fatores antes listados, que poderíamos pensar que seria irrelevante, mostrou-se na verdade muito relevante. Não, não foi o tamanho de suas cuecas, mas o tamanho de seu laboratório. Verificou-se que as ondas de rádio geradas pelo aparato de Hertz eram rebatidas pelas paredes do seu laboratório com uma intensidade suficiente para interferir com as ondas sendo observadas, e foi por isso que ele sempre obtinha um valor errado para a sua velocidade.

Aqui vemos como observações são guiadas pela teoria. Isso por si só parece não-problemático, razoável até. Mas o que acontece quando observadores diferentes têm pressuposições teóricas diferentes? A conclusão parece ser que eles "observarão" coisas diferentes. Eis um exemplo da psicologia: consideremos alguém que se apaixonou, mas que se considera indigno quando comparado com as virtudes do objeto de sua adoração. O freudiano observa um narcisista, que desloca aquela parte de sua libido que está ligada ao "superego", pelos padrões do qual o "ego" é julgado indigno. Um adleriano, por outro lado, observa alguém que está compensando as inferioridades autopercebidas ao projetar sobre o objeto de adoração aquelas qualidades nas quais ele se sente deficiente. Diferentes panos de fundo teóricos, diferentes observações.

A conclusão geral, então, é que a teoria desempenha um número de papéis nas observações – ela as guia, dá-lhes forma, atribui significado aos enunciados relatando observações, e a afirmação filosófica genérica que dá conta dessa situação é que a observação é "carregada de teoria". Mais importante que o modo como é chamada, entretanto, são as implicações para a objetividade da ciência. Pode parecer que as observações não são muito seguras de modo algum e, se a ciência é uma estrutura construída sobre fatos, então ela é um pouco cambaleante. No próximo capítulo, veremos que não devemos ser tão pessimistas e que há maneiras por meio das quais a segurança das observações pode ser sustentada.

NOTAS

1. J.J. Davies, *On the Scientific Method*, Longman, 1968, p. 8.
2. N.R. Hanson, *Patterns of Discovery*, Cambridge University Press, 1958, p. 7.
3. Imagem de http://i.f.alexander.users.btopenworld.com/reviews/wittgenstein_duck_rabbit.jpg.
4. Uma bela imagem pode ser encontrada em www.hao.ucar.edu/Public/education/bios/galileo.2.html. Uma boa discussão sobre as várias explicações apresentadas a respeito de por que os desenhos da lua feitos por Galileu eram tão imprecisos pode ser encontrada em www.pacifier.com/%7Etpope/Moon_Page.htm.
5. M. Polanyi, *Knowing and Being*, University of Chicago Press, 1969, p. 123.
6. K.R. Popper, *The Logic of Scientific Discovery*, Basic Books.

6

Experimento

INTRODUÇÃO

Lembremo-nos do que vimos no último capítulo. Em primeiro lugar, o que você "vê" (isto é, as experiências perceptivas que você tem) não é determinado só pela imagem na retina; isso também depende da sua experiência, do seu conhecimento, das suas expectativas, das suas crenças, das suas pressuposições teóricas, etc., que o ajudam a selecionar o que é relevante, o que é real, o que é um artefato, e assim por diante. Em segundo lugar, o papel dos *instrumentos* na observação é crucial. Esse talvez seja um ponto óbvio, mas muitas vezes é negligenciado em certas discussões filosóficas. E, por fim, as observações são frequentemente guiadas pela teoria (lembre-se do exemplo de Hertz e de sua busca frustrada pelas ondas de rádio). Já podemos começar a ver que a observação na ciência – e, portanto, o processo pelo qual as teorias são justificadas – é um pouco mais complexo do que pensávamos inicialmente.

Em particular, o que esses pontos mostram é que as observações e os resultados experimentais em geral são *revisáveis* (lembre-se das estacas de Popper!). Porém, se isso é o caso, o que dizer sobre a base observacional segura da ciência? Recordemos que isso não é somente uma assunção filosófica, introduzida nas abordagens da justificação, mas que está à base da visão de "senso comum" de que a ciência está erigida sobre "fatos". Ora, a resposta curta e contundente para essa preocupação é que a ciência não precisa de tal base! Mas como fica a objetividade? Como pode a ciência ser objetiva se ela está construída sobre areia que cede, e não sobre o terreno firme das observações seguras? Este será o foco principal do presente capítulo, e veremos como a justificação das teorias torna-se ainda mais complicada pela introdução de modelos.

A OBJETIVIDADE DA OBSERVAÇÃO

Eis nossa próxima questão: se as observações são revisáveis, ao menos em princípio, como asseguramos que elas sejam tão seguras quanto possam ser? E, em particular, como distinguimos observações "genuínas" daquelas que são meros artefatos, o resultado de uma falha no instrumento, talvez, ou uma técnica observacional fraca?

Lembremo-nos de Galileu e do seu famoso telescópio. Como ele convenceu todo mundo de que as "estrelinhas" em volta de Júpiter eram reais, e não artefatos, quando ele não tinha uma teoria do telescópio e não podia explicar para os seus críticos como este funcionava? A resposta é bem simples: ele apontou seu telescópio para algum outro lugar e as estrelinhas sumiram (sem brincadeira!). Galileu observou as estrelinhas por um período de tempo e notou um padrão ou movimento consistente e regular, isto é, as medições diárias dos movimentos das estrelinhas gerou um conjunto de dados consistente e repetível, levando-o a concluir que essa manchas de luz não eram uma ilusão. Além disso, suas observações foram repetidas em outros lugares e (mais tarde), usando diferentes *tipos* de telescópios, foram confirmadas.

Eis um outro exemplo: suponha que estejamos interessados em observar a estrutura dos glóbulos vermelhos do sangue. Usando o mais sofisticado instrumento que temos à disposição, tal como um microscópio eletrônico, podemos "ver" uma configuração de corpos densos (e, é claro, os microscópios eletrônicos funcionam diferentemente dos microscópios óticos, de modo que o que "vemos" é de fato uma imagem gerada por um processo muito complexo). Agora, a fim de fazer tal observação, não nos limitamos a algum sangue num *slide* e o colocamos sob o microscópio. Em geral, amostras biológicas como essa têm de ser preparadas de certa maneira a fim de estabilizá-las, de modo a realçar as características pelas quais estamos interessados, e assim por diante. Digamos que uma amostra de tecido pode ser "manchada" com certos materiais químicos, por exemplo, e a questão que surge naturalmente é: o que nós observamos é um artefato do instrumento ou a maneira como a amostra é preparada?

Uma forma de responder a essa questão é montar a amostra em uma grade e observar com um instrumento de tipo diferente. Assim, podemos tomar a nossa amostra de sangue e examiná-la com um microscópio fluorescente, que opera com base em princípios físicos muito diferentes do microscópio eletrônico. Se virmos a mesma configuração de corpos densos, então estaremos autorizados a concluir que isso não é um artefato, mas sim uma característica genuína dos glóbulos vermelhos. Com o nosso tecido, podemos usar diferentes técnicas para marcá-lo e fixá-lo. Ou seja, se virmos as mesmas estruturas, usando essas técnicas diferentes, então nos sentiremos inclinados a aceitar que as estruturas estão realmente lá e que não são o resultado de algum artefato das nossas preparações. Na verdade, os cientistas utilizam uma variedade de estratégias para validar as suas observações: uma estratégia óbvia tem a ver com o exame e a calibragem do equipamento para verificar se ele reproduz ou representa precisamente os fenômenos conhecidos, antes de empregá-lo nos desconhecidos. Sem dúvida, pode haver detalhes muito sutis associados até mesmo a essa prática comum. Voltemos a Galileu e à sua tentativa de convencer os colegas da veracidade de suas observações ao apontar o telescópio para os objetos terrestres e mostrar que eles simplesmente eram ampliados – se você acredita que os objetos terrestres e os celestes obedecem a leis diferentes, então você dificilmente ficará convencido!

Mas há outras estratégias à disposição. Você pode usar seu equipamento para reproduzir artefatos que já são conhecidos por estarem presentes e que então podem ser explicados. Por exemplo, se você observa uma amostra suspensa em solução, olhando para um espectro de luz produzido quando a amostra é irradiada, então você também deveria esperar ver o espectro conhecido produzido pela solução. Ver isso indicaria que o seu equipamento está funcionando corretamente. Uma outra manobra bastante óbvia é eliminar – ou ao menos trabalhar com – tantas fontes de erros quanto possível. Qualquer um que já tenha realizado trabalho experimental em ciência compreenderá que um dos mais enfadonhos, mas também um dos aspectos mais essenciais do trabalho é identificar, eliminar ou explicar (usando técnicas estatísticas) as muitas fontes de erros experimentais que podem aparecer até mesmo no experimento mais simples. Muitas vezes, será gasto mais tempo fazendo isso do que fazendo o experimento propriamente dito!

Uma outra técnica é usar a regularidade dos resultados para indicar que as observações são seguras. Se você vê a mesma coisa, dia pós dia, sob diferentes circunstâncias, então as chances são de que você não está vendo um artefato ou um "blip" aleatório, mas algo que realmente está lá. Até mais importante, se você vê o fenômeno em questão comportando-se de modo regular, então isso pode ser um dos indicadores mais importantes de que você descobriu algo ou de que suas observações são seguras. Lembre-se de Galileu e das luas de Júpiter – é difícil argumentar que aqueles pequenos pontos de luz que ele via eram somente defeitos das lentes do telescópio quando eles se movem em volta do planeta de uma maneira regular, e por fim, previsível! Sem dúvida, isso se torna problemático quando os fenômenos em questão são passageiros ou difíceis de reproduzir, e é por isso que afirmações a respeito de tais fenômenos são muitas vezes cientificamente controversas. Por fim, podemos usar a própria teoria: se nosso aparato está baseado em uma teoria bem-confirmada, isso nos dá mais razões para supor que ele está funcionando bem e que aquilo que estamos observando é um fenômeno legítimo, e não um artefato ou um defeito. Na verdade, podemos usar a teoria para identificar e explicar tais artefatos e defeitos. Como já mencionei, quando Galileu fez suas observações, a teoria do telescópio ainda não era conhecida, mas por fim sua operação foi explicada em termos da teoria das ondas de luz, e isso pôde ser usado para explicar os vários defeitos e distorções de que o aparato era passível. De modo semelhante, os telescópios de rádio têm sido usados por muitos anos para vasculhar o coração da galáxia e além dela, mas a teoria de sua operação agora é bem-conhecida. Embora ocorram algumas anomalias, a própria teoria, somada a algumas outras estratégias mencionadas, pode ser usada para identificar e distinguir o que é um artefato ou erro do que é uma observação genuína.[1]

Qual é, pois, a conclusão? Em primeiro lugar, os filósofos tendem a pensar na observação como, mais ou menos simplesmente, um assunto de abrir os olhos! Você pode precisar corrigir a luz e em geral ajustar as condições do ambiente, mas basicamente, segundo essa visão, você precisa abrir os olhos e observar o que está à sua frente. Contudo, se considerarmos o que efetivamente acontece na ciência, e em particular na ciência moderna, poderemos ver (ha ha) que a observação não é uma operação meramente passiva, mas sim envolve um engajamento *ativo* com o mundo. A maioria, se não a totalidade, das observações na ciência são feitas via *experimentos*, e experimentos envolvem não só um *representar* passivo do mundo, como também *engajar-se* ativamente nele e, em alguns casos *intervir* ao, por exemplo, preparar uma amostra, marcar para destacar as características pelas quais se está interessado, e assim por diante. Nós nos asseguramos de que uma observação é genuína ao eliminarmos os artefatos e as ilusões, obtendo assim dados repetíveis, etc., e é com base nisso que a objetividade na ciência é assegurada. Portanto, a lição aqui é que a objetividade não é algo que é garantido somente aos se abrir os olhos e observar o que está à sua frente: ela é uma *conquista prática*.[2]

E o que dizer sobre a questão que notamos no capítulo anterior, a saber, que as observações são frequentemente guiadas pela teoria, que os enunciados sobre as observações podem conter termos que são teóricos e que em geral é difícil, talvez impossível, separar tranquilamente a teoria da observação da maneira como as pessoas têm imaginado? A questão agora é: esse estar "carregado de teoria" por parte das observações solapa o teste e a justificação das teorias? A reposta óbvia é não, não se a teoria que está carregando a observação é diferente da teoria que está sendo testada. Se usamos o telescópio para testar uma teoria sobre fenômenos astronômicos, então as observações que fazemos serão "carregadas" com a teoria da ótica que temos de assumir que é correta para nos ajudar a eliminar os artefatos e as aberrações e geralmente validar as observações. Na verdade, como já disse, a teoria do aparato pode ajudar a que nos asseguremos das observações que fazemos. Se estivermos usando o telescópio para fazer observações relacionadas à parte relevante da teoria da ótica em si mesma (a parte que é usada para explicar o funcionamento do telescópio), então se tratará de uma outra questão. Estaremos andando num círculo experimental e não haverá segurança maior nisso. Mas o que acontece se algum tipo de corrente observacional é montada, na qual usamos um instrumento para testar uma teoria, e as observações relevantes são efetivamente carregadas com alguma teoria que foi testada através de observações que foram carregadas com a primeira teoria que estamos tentando testar? Esse seria um círculo mais longo, embora ainda sério, que certamente minaria a objetividade do teste; entretanto, os cientistas normalmente são adeptos da prática de evitar tal círculo vicioso – e há poucos, se algum, que ocorrem de fato. É claro que, quanto maior o círculo que abarca teorias aparentemente "distantes" em algum sentido, mais difícil será detectá-lo.

DE CIMA PARA BAIXO *VERSUS* DE BAIXO PARA CIMA

Voltemos para nossa imagem da descoberta e da justificação na ciência: começamos com uma hipótese, talvez descoberta por meio de algum conjunto de manobras heurísticas, e deduzimos alguma previsão dela. A seguir, montamos nossos instrumentos, preparamos nossas amostras e fazemos nossas observações. Se os dados confirmam nossa previsão, então é Prêmio Nobel para todo mundo; se não confirmam, ou jogamos fora nossa hipótese e começamos do início, caso sejamos falsificacionistas empedernidos, ou, mais provavelmente, conferimos nossos instrumentos, verificamos nossa técnica experimental, talvez forcemos a hipótese um pouco, e assim por diante. Não importa o que fazemos com a hipótese, a estrutura que subjaz à imagem é como se segue:

$$H \\ \downarrow \\ O$$

E pode-se pensar que esse tipo de relação está refletido na própria comunidade científica, isto é, o pessoal teórico aparece com as suas hipóteses, deduz as suas predições e basicamente manda uma mensagem para o laboratório: "Ei, vocês aí, serviçais – testem isso e nos digam o que vocês observam!". Essa imagem do que é testar uma teoria representa precisamente o que acontece? A resposta curta de novo é não. Esta é uma visão de cima para baixo de acordo com a qual a ciência é basicamente orientada pela teoria e a prática efetiva é mais complexa do que isso (e os cientistas experimentais podem muito bem assinalar que eles não são os macacos treinados dos cientistas teóricos!). Na verdade, sugeriu-se que o experimento tem vida própria, independente da teoria, e que essa vida tem sido de certa forma um segredo no que concerne aos filósofos.

A VIDA SECRETA DO EXPERIMENTO

Consideremos a seguinte afirmação feita por Liebig, um dos maiores químicos do século XIX (famoso por sua descoberta do nitrogênio como um nutriente para as plantas e – isso é para os britânicos – por fundar a companhia que fez os cubos Oxo):

> O experimento é só um auxílio para o pensamento, tal como um cálculo: o pensamento precisa sempre e necessariamente precedê-lo se é para ele ser significativo. Um modo de investigação empírico, no sentido usual do termo, não existe. Um experimento não-antecedido pela teoria, isto é, por uma ideia, têm a mesma relação com a pesquisa científica que a barulheira da criança tem com a música.[3]

Esta é uma posição bastante forte (especialmente a comparação do experimento com a barulheira de uma criança!) e dá lugar à seguinte questão: as teorias sempre vêm antes? A resposta é não, não necessariamente – um experimento pode ter vida própria. Essa vida "secreta" foi muito bem-explorada e capturada por Ian Hacking em seu livro *Representing and Intervening*. Ele nota, em primeiro lugar, que as observações e os experimentos podem preceder a teoria. Ele dá como exemplo a descoberta de Bartholin da dupla refração do Cristal da Islândia;[4] a observação de Huygens da polarização do Cristal da Islândia; a difração da luz observada independentemente por Grimaldi e Hooke; a observação de Herschel de fluorescência; as observações do Reverendo Brown dos movimentos brownianos (os diminutos gingados de grãos de pólen suspensos em um líquido, explicados [por Einstein] através das colisões atômicas); a descoberta de Becquerel do efeito fotoelétrico (no qual a radiação eletromagnética de uma certa frequência causa a emissão de elétrons por metais – a base para a célula solar).

Em todos esses casos, a teoria que dava conta dessas observações veio mais tarde. Assim como os zoólogos que ocasionalmente ainda se deparam com espécies desconhecidas de mamíferos na floresta, os cientistas em geral podem descobrir algum novo efeito ou fenômeno. Não esqueçamos, porém, a lição do Capítulo 2: essas descobertas são tipicamente feitas por cientistas observadores e bem-treinados, capazes de reconhecer que eles se depararam com algo importante.

Bartholin, por exemplo, era filho de um médico e matemático e, de modo pouco surpreendente, veio a se tornar professor tanto de geometria quanto de medicina. Ele não só explicou o fenômeno peculiar associado ao Cristal da Islândia em termos da refração, mas também fez inúmeras observações astronômicas e advogou o uso da quinina para combater a malária. De modo semelhante, Becquerel veio de uma famosa família de cientistas (seu pai realizou trabalhos sobre a radiação solar e sobre a fosforescência) e é talvez mais conhecido por sua descoberta da radioatividade: depois de uma conversa com Poincaré a respeito dos recém-descobertos raios X, ele decidiu verificar se estavam conectados com a fosforescência, usando sais de urânio que, se sabia, fosforesciam. A exposição de uma placa fotográfica coberta, colocada próxima aos sais, levou ao reconhecimento de que uma outra forma de radiação era ativa aí. Em 1839, com apenas 19 anos, enquanto estudava os efeitos químicos da luz, ele notou que, quando a luz de uma certa frequência era direcionada para eletrodos imersos em solução condutiva, uma corrente era produzida. Estes não foram sujeitos que simplesmente tropeçaram nessas observações! Admitamos que elas foram feitas antes que as teorias relevantes estivessem aí para explicá-las, e nesse sentido elas tinham sua própria "vida" experimental, mas ainda assim não foram feitas fora de um contexto científico e, em particular, de um contexto teórico.

Algumas vezes, é claro, o efeito pode ficar durante anos sem uma explicação teórica, mas outras vezes não. Tanto o movimento browniano, por exemplo, quanto o efeito fotoelétrico não foram explicados antes do começo do século XX – pela mesma pessoa, como soe acontecer, Einstein de novo (como observei no capítulo anterior, ele recebeu o Prêmio Nobel por sua explicação da descoberta de Becquerel). Entretanto, também há casos em que o fenômeno é descoberto e então é relacionado a uma teoria particular quase que imediatamente. Hacking dá um belo exemplo disso, no qual a teoria e a observação encontram-se inesperadamente:

> Algum trabalho experimental profundo é gerado inteiramente pela teoria. Algumas grandes teorias surgiram de experimentos pré-teóricos. Algumas teorias padeceram por carência de contato com o mundo real, enquanto alguns fenômenos experimentais permanecem abandonados por falta de teoria. Também há famílias felizes, nas quais teoria e experimento vindos de direção opostas se encontram.[5]

Na década de 1950, havia duas teorias cosmológicas em competição a respeito da origem do universo. Uma sustentava que ele começou com um "big bang", do qual tanto a matéria quanto o próprio espaço-tempo emergiram e expandiram-se. Essa expansão continua, na medida em que as galáxias afastam-se umas das outras (imagine-se tomando um balão, marcando pontos de tinta nele e depois inflando-o). A teoria alternativa afirmava que, como o universo se expande, mais matéria é criada para ocupar o lugar, de modo que o universo como um todo permanece em um estado de equilíbrio. Nessa época, não havia mais evidências que pudessem discriminar entre essas duas teorias. De modo completamente independente, dois cientistas, Penzias e Wilson, estavam fazendo experiências com microondas nos laboratórios da Bell nos Estados Unidos. Enquanto tentavam fazer as suas observações, notaram um ruído de fundo na frequência da faixa das microondas e, não importa o que fizessem, não conseguiam determinar a sua fonte. Eles eliminaram uma gama de possibilidades, incluindo as estações de rádio e TV locais. Até se perguntaram se não podia ser o calor gerado pelas fezes de pombos em seus enormes emissores e receptores de microondas que ficavam ao ar livre, razão pela qual os tocaram embora (eis dedicação à ciência para vocês!). E então, por essa época, um cosmologista em Princeton, chamado Dicke, sugeriu que, se tivesse havido um "big bang", ele deveria ter deixado um resíduo de radiação de microondas de baixo nível por todo o universo. Ele estava procurando evidências para isso quando Penzias e Wilson entraram em contato, levando aos seus colegas a observação de que "se anteciparam a nós".[6] Observações posteriores mostraram que a radiação de fundo não é completamente uniforme, mas que contém irregularidades que explicam por que a matéria começou a se aglomerar e a formar galáxias, estrelas, planetas e pessoas. De maneira um pouco melodramática, George Smoot, um dos membros da dupla de físicos que fez essas últimas observações e que recebeu o Prêmio Nobel por elas em 2006, observou que era como "ver a face de Deus".

Portanto, podemos começar a ver que a relação entre teoria e experimento não é sempre conduzida pela teoria, nem sempre é "de cima para baixo". No entanto, podemos explorar essa relação ainda mais. As teorias são muitas vezes altamente complexas, enquanto as observações são tipicamente bem mais simples. A fim de passar de uma a outra, precisamos passar por um estágio intermediário, e isso geralmente envolve a construção de algum tipo de modelo. Já vimos o papel dos modelos na descoberta; agora vamos ver como eles também são importantes na justificação.

O PAPEL DOS MODELOS NA CIÊNCIA

Comecemos com a seguinte questão: como se faz para a teoria engrenar com o experimento? Essa é uma questão interessante, porque a teoria (surpresa, surpresa) conterá termos teóricos que se referem a entidades inobserváveis, tais como elétrons, genes, e assim por diante, enquanto os resultados dos experimentos são expressos em termos dos enunciados de observação, que contêm termos de observação que se referem a objetos observáveis, tais como leituras de medidores, precipitações químicas, ou o quer que seja. Como esses dois tipos diferentes de enunciados estão relacionados? Uma resposta é que precisamos de uma espécie de *dicionário* para relacionar os termos teóricos da teoria/hipótese aos termos de observação dos enunciados de observação, de modo que possamos então deduzir as consequências experimentais ou observacionais. Esse dicionário conterá enunciados-"ponte" que ligarão os enunciados teóricos com os de observação ao resumir os procedimentos experimentais, isto é, eles dirão "se você quiser fazer isso e aquilo, monte o seguinte arranjo experimental e obterá o seguinte resultado". O que isso significa é que uma teoria, estritamente falando, precisa consistir em mais coisas do que enunciados teóricos – para estar relacionada à observação, ela precisa incluir esses enunciados-ponte também. Portanto, esses enunciados são constitutivos da teoria, são parte de sua tessitura.

Entretanto, isso tem uma consequência desafortunada, mas bastante óbvia: se os enunciados-ponte são uma parte constitutiva da teoria, e esses enunciados resumem os procedimentos experimentais exigidos para ligar os enunciados teóricos da teoria aos resultados observacionais, quando introduzimos um procedimento experimental novo, como acontece muitas vezes na ciência, então isso precisa ser representado em outros enunciados-ponte, o que significa estritamente que temos uma nova teoria, porque as partes constitutivas mudaram. A saída óbvia desse problema é dizer que o modo como os enunciados teóricos relacionam-se aos de observação é expresso "fora" da teoria. De qualquer maneira, essa forma de ver o assunto pressupõe que os enunciados de observação contenham termos de observação, mas como vimos isso pode não ser assim. E esse também não parece ser o modo como os próprios cientistas funcionam – eles não relacionam enunciados teóricos e de observação desse modo. Como eles os relacionam? Via modelos.

Os cientistas *não* deduzem simplesmente consequências experimentais/observacionais; eles constroem modelos que "medeiam" entre as teorias e as observações. Há uma série de razões pelas quais os cientistas procedem assim, mas uma delas é que as teorias muitas vezes são bastante complexas e difíceis de operar. Logo, um cientista pode construir um modelo simplificado, contendo as idealizações importantes que lhe permitem ignorar certos fatores e facilmente relacionar a teoria às observações.

O que é um modelo então? Pode ser uma obra física, feita de fios e latão, por exemplo, como no caso do modelo de Crick e Watson da estrutura de hélice do DNA que consideramos no Capítulo 3. Os modelos também podem ser conceituais e matemáticos. Recordemos o modelo da "bola de bilhar" dos gases, no qual os átomos de um gás eram representados como bolas de bilhar (ou *snooker*). Em outras palavras, as bolas de bilhar eram tomadas como uma analogia para os átomos de um gás. Porém, se isso fosse tudo, seria bem desinteressante. Em função de que as bolas de bilhar estão sujeita à mecânica newtoniana – isto é, seus movimentos pela mesa de bilhar são descritos pelas leis de Newton –, o modelo encoraja-nos a aplicar essas leis também aos átomos dos gases. Dessa maneira, algo comparativamente não-familiar – o movimento dos átomos de um gás – vem a ser compreendido em termos de algo mais familiar.

Recordemos também o modelo da gota de líquido para o núcleo, que nos oferece mais do que uma imagem útil do núcleo: assim como no caso do modelo da bola de bilhar, ele nos estimula a transferir as equações que se aplicam à gota de líquido ao núcleo. É óbvio que há limites à aplicabilidade desse modelo – afinal, o núcleo é um bicho quântico e tem de ser explicado pela física quântica. Contudo, tais modelos são heuristicamente úteis – eles podem ajudar os cientistas a desenvolver teorias mais complexas e sofisticadas – e permitem que os cientistas obtenham resultados experimentais mais facilmente. Dessa maneira, ao construir o modelo da gota de líquido do núcleo, os cientistas puderam obter previsões de como o núcleo se comportaria sob certas condições, mesmo quando a teoria é terrivelmente complicada.

Esse tipo de exemplo pode ser generalizado, e modelos podem ser encontrados em muitos domínios da ciência: os modelos computacionais do cérebro, os modelos de "circuitos" para ecossistemas, os modelos de "redes neurais" para a evolução do domínio da proteína. Em geral, as teorias são muito complexas para que possamos simplesmente deduzir consequências experimentais, por isso construímos um modelo mais simples e matematicamente tratável, que, por um lado, contém idealizações de certos aspectos da teoria e, por outro, captura ao menos alguns aspectos dos fenômenos relevantes. Pode-se dizer que os modelos "medeiam" entre a teoria e os fenômenos, tornando-se tão importantes a ponto de que eles próprios passam a ser o foco da atividade científica, em vez das teorias. Eis como um comentador refere-se a isso:

> O cerne do meu argumento envolve duas afirmações:
> 1. que são os modelos em vez das teorias abstratas que representam e explicam o comportamento de sistemas físicos e
> 2. que eles o fazem de uma maneira que os torna agentes autônomos na produção de conhecimento científico.[7]

A primeira afirmação é aparentemente simples. É claro que os modelos representam e explicam, ao menos em alguma medida. Consideremos mais uma vez o modelo da gota de líquido do núcleo. Ele representa o núcleo, obviamente, como uma gota de líquido e, no mínimo, ajuda a explicar o comportamento dos núcleos, tais como a fissão, através de uma analogia com a gota de dividindo. Trataremos da explicação na ciência no Capítulo 8, mas notaremos aqui que a explicação via modelos oferece uma abordagem bastante rica dessa noção. A representação na ciência também é um tópico que tem atraído muita atenção recentemente. Assim como os filósofos da arte apareceram com abordagens a respeito de como as pinturas, por exemplo, representam, também os filósofos da ciência começaram a considerar como as teorias e os modelos representam. Você poderá pensar que essa é uma questão muito simples de responder: um retrato representa o retratado ao lhe ser similar. Deixando de lado tópicos ligados à arte abstrata, podemos ver como isso funciona: os famosos *Girassóis* de van Gogh representam através das características da pintura – o amarelo das pétalas, a forma das flores, etc. –, sendo similares às características das flores reais. E parece que nós podemos transpor esse tipo de abordagem para a ciência: teorias e modelos representam via similaridade. Assim, o modelo do pêndulo simples representa um pêndulo real, pois a haste do modelo é similar à haste real, e assim por diante. De modo semelhante, o modelo da gota de líquido é similar ao núcleo real.

Entretanto, o problema com esse tipo de abordagem é que a similaridade vai nas duas direções: certas características das flores são similares às características relevantes da pintura, mas não diríamos que as flores representam a pintura. Da mesma maneira, não diríamos que um pêndulo representa o modelo ou que o núcleo representa a gota de líquido. Esse tipo de argumento fez com que alguns filósofos – tanto da arte quanto da ciência – apresentassem abordagens alternativas da representação ou, ao menos, modificassem as abordagens tipo similaridade. Alguns sugeriram que talvez devamos ter cuidado com a forma de transpor considerações de como as artes funcionam para nossa descrição de como a ciência funciona!

A segunda afirmação pode parecer estranha. Em que sentido um modelo pode ser um "agente", autônomo ou não? Agentes têm intenções, mas modelos certamente não. O que se quer dizer com isso é, no entanto, bastante simples: os modelos tornam-se tão importantes em uma ciência particular, ou em uma área da ciência, que eles passam a ser o foco de atenção e o *locus* da atividade. Em vez de as teorias de nível elevado oferecerem a explicação e a representação, é o modelo de nível inferior que o faz. Os modelos podem ser considerados como "funcionalmente" autônomos, no sentido de que é nos termos dessas funções representativa e explicativa que eles são relativamente independentes da teoria no âmbito da prática científica e outros modelos mais podem ser desenvolvidos a partir deles, de modo que o próprio progresso científico acontece nesse nível. Alguns têm argumentado que isso significa que a teoria pode ser deixada de lado, mas isso é ir longe demais; os tipos de modelos interessantes que ocupam os cientistas tipicamente se utilizam de uma gama de recursos teóricos em seu desenvolvimento. Entretanto, não obstante quão interessante essa discussão possa ser, ela nos leva para além do tema do presente capítulo, então voltemos a ele.

O que temos é o seguinte tipo de imagem:

Teorias
↓
Modelos
↓
Observação

Como isso afeta a nossa visão da justificação das teorias? Ora, podemos ver qual direção nossa resposta tomará: a "mediação" dos modelos entre teorias e observação significa que eles ajam como tampões quando o assunto é a justificação. A força falsificadora de uma observação será atenuada pelo modelo, já que pode ocorrer de os elementos idealizados terem culpa, e não a teoria. Isso obviamente torna a justificação muito mais complicada, na medida em que o impacto das observações torna-se incerto. Mas agora olhemos na outra direção: supõe-se que as teorias explicam os fenômenos, mas o que são os fenômenos? Como eles se relacionam com as observações e os dados?

O QUE QUEREMOS DIZER COM UM "FENÔMENO"?

Eis como o Dicionário Oxford de Inglês define "fenômeno":

> Uma coisa que aparece ou é percebida, especialmente a coisa cuja causa está em questão; (Filosofia) aquilo que um sentido ou a mente nota diretamente, objeto imediato de percepção; pessoa, coisa, ocorrência, etc. notáveis [do Latim tardio a partir do Grego *phainomenon* neutro particípio presente (como substantivo) de *phainomai* aparecer (*phainō* mostrar)]

CONSTRUINDO OS FENÔMENOS

De acordo com Hacking, os fenômenos são tipicamente *criados*, e não descobertos. Ora, esta é uma ideia radical. No que concerne aos cientistas, os fenômenos são públicos, regulares, obedecem a certas leis e estão muitas vezes associados a eventos incomuns, até mesmo excepcionais. Fenômenos verdadeiramente excepcionais e instrutivos são algumas vezes chamados de "efeitos", tais como o efeito fotoelétrico, os efeitos da memória recente e do "parcelamento" da memória, e assim por diante.

Hacking afirma que esses efeitos não existem fora de certos tipos de aparato. Ao serem incorporados a tais aparatos, os fenômenos "tornam-se tecnologia", tornando-se rotineira e confiavelmente reproduzidos. Assim, se o tipo certo de aparato existe ou é montado, o efeito ocorre, mas em nenhum lugar fora do laboratório encontramos o arranjo "certo". Eis Hacking novamente: "na natureza há somente complexidade, que somos notavelmente capazes de analisar. Nós fazemos isso ao distinguir na mente numerosas leis diferentes. Também o fazemos apresentando no laboratório fenômenos puros, isolados".[8] De acordo com essa visão, na natureza há poucos fenômenos, que estão lá esperando para serem observados; a maioria dos fenômenos da ciência moderna são manufaturados ou construídos. Em outras palavras, os fenômenos são construídos pelo *experimento*:

> Experimentar é criar, produzir, refinar, estabilizar os fenômenos. Se os fenômenos fossem muitos na natureza, amoras de verão a serem colhidas, seria notável se experimentos não funcionassem. Mas fenômenos são difíceis de serem produzidos de um modo estável. Foi por isso que falei em criar e não meramente descobrir os fenômenos. Essa é uma tarefa laboriosa e difícil.[9]

Dessa perspectiva, a ênfase costumeira na possibilidade de se *repetir* os experimentos é enganadora. Ao contrário, os experimentos são *melhorados*, até que fenômenos regulares sejam produzidos. Esta é uma visão bastante limitada do fenômeno, mas Hacking parece estar certo a respeito de algo. O tipo de fenômenos observáveis antes mencionados não são certamente repetíveis ou facilmente controláveis. Eles podem ter tido alguma importância nos primórdios da ciência – assim como o trabalho de Franklin com o raio foi importante nos primórdios do estudo da eletricidade –, mas o trabalho científico sério acontece uma vez que conseguimos isolar o fenômeno, repeti-lo, controlá-lo e investigá-lo. E via de regra os fenômenos investigados nessa etapa não são observáveis, ou ao menos não diretamente.

Eis uma outra visão, mais sofisticada, do fenômeno que reflete essa última ideia.

ENCONTRANDO FENÔMENOS

A noção central aqui é que os fenômenos não são observáveis e que os dados apóiam os fenômenos, e não as teorias: "(...) teorias científicas bem desenvolvidas (...) predizem e explicam fatos sobre os fenômenos. Os fenômenos são detectados através do uso de dados, mas em muitos casos não são observáveis em nenhum sentido interessante desse termo".[10] Então, os dados servem de evidência para a existência de fenômenos, e estes servem de evidência para – ou sustentam – as teorias. Estas, por sua vez, explicam os fenômenos, e não os dados. Agora a nossa imagem parece assim:

Teoria
↓
Fenômenos
?
Dados

Mas eis a questão óbvia: como os "dados" são distinguidos dos "fenômenos"?

> Exemplos de dados incluem fotografias de câmeras de bolha, padrões de descargas em detectores de partículas e registros de tempos de reações e taxas de erros em vários experimentos psicológicos. Exemplos de fenômenos, para os quais os dados anteriores podem oferecer evidência, incluem correntes neutras fracas, o decaimento do próton, e o parcelamento e os efeitos do tempo recente na memória humana.[11]

Os dados são diretamente observáveis e específicos a contexto experimentais particulares. Eles resultam de arranjos altamente complexos de circunstâncias e não são apenas relativamente fáceis de identificar e classificar, mas também são confiáveis e *reprodutíveis*. Os fenômenos, por outro lado, não são observáveis nem específicos; eles têm características certas, estáveis e repetíveis e em geral são constantes em diferentes contextos experimentais.

Como passamos dos dados aos fenômenos? Os fenômenos são inferidos a partir dos dados, enquanto a robustez e a objetividade dos fenômenos são sustentadas pela confiabilidade dos dados. E a confiabilidade dos dados em geral é estabelecida pelo método experimental, por se afastar ou controlar empiricamente as fontes de erro e os fatores que provocam equívocos, ou por argumentos estatísticos e assim por diante. Como os fenômenos são relacionados com os modelos?

Quando falamos a respeito de "inferir" os fenômenos dos dados, estávamos de fato falando de inferir as *propriedades* de objetos, processos, o que quer que seja, relevantes. Essas propriedades aparecem no modelo apropriado dos objetos, processos, etc., envolvidos, e esse modelo será um *modelo dos fenômenos*. Aqui temos um tipo diferente de modelo; não um modelo obtido de uma teoria para simplificar as coisas ou via idealizações porque a teoria é muito complexa: esse é o modelo construído de baixo para cima. De modo semelhante, os dados são representados por "modelos de dados" e os modelos de fenômenos são sustentados por modelos de dados relevantes. E assim nós obtemos uma hierarquia de modelos:

> A experiência concreta que os cientistas etiquetam como um experimento não pode estar ligada a uma teoria em nenhum sentido completo. Essa experiência precisa ser passada por um moedor conceitual que, em muitos casos, é excessivamente grosseiro. Uma vez que a experiência é passada pelo moedor, muitas vezes na forma de registros bastante fragmentários do experimento completo, os dados experimentais emergem na forma canônica e constituem um modelo do experimento.[12]

Os dados "crus" são processados através desse moedor conceitual para gerar um modelo do experimento ou modelo dos dados e, a partir desses modelos os "fenômenos" são inferidos. Isso nos oferece uma visão muito mais sofisticada das relações entre teoria, dados e fenômenos, que podem ser mais bem investigadas; porém, deixaremos isso assim por ora.

CONCLUSÃO

O que podemos dizer a respeito da justificação? Bem, que é mais complicada do que pensávamos! Prescrições simples como "verifique!" ou "não, falsifique!" não capturam a complexidade da prática científica na qual, às vezes, uma verificação "surpreendente" é suficiente, mas uma falsificação dramática não é. A segurança e a objetividade dos dados são mais problemáticas do que pensávamos; a observação é, aparentemente, "carregada de teoria". Contudo, uma vez que reconhecemos a natureza ativa da observação, podemos ter uma ideia melhor da objetividade. A relação entre a teoria e os dados não é simplesmente "de cima para baixo"; há um sentido em que o experimento pode "ter vida própria". A relação entre a teoria e os dados pode ser "mediada" pelos modelos, enquanto os fenômenos explicados pelas teorias são inferidos a partir de dados e representados por modelos de maneiras complicadas e sofisticadas. Acomodar tudo isso é uma tarefa difícil; contudo, se quisermos descrever precisamente a justificação na ciência, trata-se de uma tarefa que teremos de enfrentar como filósofos da ciência.

EXERCÍCIO DE ESTUDO 2: EXPLICAÇÃO E CAUSALIDADE

Considere a seguinte situação: você está caminhando pela rua em uma noite enevoada. De repente, você escuta, vindo de trás, o latido de um cão, uma freada de automóvel e uma angustiante batida. Quando você se vira, o carro derrapou, saiu da estrada e bateu em uma árvore. Você vai acudir – felizmente o motorista não se machucou. Não demora muito e os serviços de emergência aparecem, então você fica olhando como a polícia começa o seu trabalho: faz um teste de bafômetro com o motorista, examina o que parece ser uma mancha de óleo na pista, verifica os freios do carro, e assim por diante. Enquanto segue seu caminho, você se pergunta: "o que causou a batida?".

Gaste três minutos listando tantas explicações possíveis para a batida quantas você possa imaginar. Você pensa que algumas delas são melhores do que as outras? Em caso afirmativo, ofereça as razões pelas quais algumas são melhores. A partir dessa lista, que causas do acidente você pode identificar? Você pensa que é possível identificar *a* causa da batida?

Agora considere alguns fenômenos elétricos, tais como o raio, a eletricidade estática, ou simplesmente o uso da eletricidade que alimenta sua TV, seu VCR, seu PC ou o que quer que seja. Imaginemos que você fosse pedir a quatro cientistas diferentes de diferentes épocas para explicar o fenômeno. Um, do século XVIII, diria que é devido à corrente de uma espécie de fluído elétrico. Outro, do começo do século XX, insistiria que ele tem a ver com o comportamento de pequenas partículas carregadas chamadas "elétrons". O terceiro, do final dos anos 1920, observaria que se demonstrou que os elétrons se comportam como partículas em certas circunstâncias e que se comportam como ondas em outras. Por fim, o quarto cientista, do nosso tempo, assinalaria que hoje em dia elétrons são vistos como uma espécie de "saliência" em algo chamado de "campo quântico".

O fato de que nossas explicações dos fenômenos elétricos mudaram ao longo da história nos oferecem razões para duvidar da verdade de nossa explicação *atual*? Por que sim/não?

O fato de que nossa compreensão do que *é* um elétron mudou ao longo da história nos oferece razões para duvidar da existência de elétrons? Por que sim/não?

NOTAS

1. Uma excelente visão geral dessas estratégias pode ser encontrada em http://plato.stanford.edu/entries/physics-experiment.
2. Uma discussão muito boa a esse respeito pode ser encontrada em A. Chalmers, *Science and Its Fabrication*, Open University Press, 1990.
3. Citado em Hacking, *Representing and Intervening*, Cambridge University Press.
4. Uma forma de calcite – uma bela imagem pode ser encontrada em http://geology.about.com/library/bl/images/blcalcite.htm.
5. I. Hacking, *Representing and Intervening*, Cambridge University Press, 1983.

6. Uma boa explicação desse "engrenar-se" da observação e da teoria, incluindo gravações de como soa o que restou do "big bang", pode ser encontrada em www.npr.org/templates/story/story.php?storyId=4655517.
7. M. Morrison, "Models as autonomous agents", in *Models as Mediators*, M. Morrison e M. Morgan (eds.), Cambridge University Press, 1999, p. 38-65, p. 39.
8. I. Hacking, *Representing and Intervening*, Capítulo 13.
9. *Ibid.*, p. 230.
10. J. Bogen e J. Woodward, "Saving the Phenomena", *The Philosophical Review*, 12 (1988), p. 303-352, p. 306.
11. *Ibid.*
12. P. Suppes, "What is a Scientific Theory?", in *Philosophy of Science Today*, S. Morgenbesser (ed.), Basic Books, 1967, p. 55-67, p. 62.

7
Realismo

INTRODUÇÃO

  Então você descobriu a sua hipótese e a submeteu a testes rigorosos, levando em consideração tudo o que dissemos até aqui, e ela parece sustentar-se em face de todas as evidências. Isso significa que o que ela diz sobre o mundo é verdadeiro? Isso significa que os objetos e processos dos quais ela fala de fato existem? A resposta óbvia seria dizer "sim, é claro" e, se você estiver inclinado a seguir esse caminho, então você é um "realista" de algum matiz. Embora possa parecer a resposta mais óbvia, veremos que objeções podem ser levantadas a ela. Os que levantam tais objeções são conhecidos como "antirrealistas" e, também como veremos em breve, eles vêm em diferentes formatos.

  Assim, esta é a questão fundamental do presente capítulo: o que nos dizem as teorias científicas? Eis três respostas diferentes:

A_1: elas nos dizem como o mundo *é*, tanto em seus aspectos observáveis quanto inobserváveis (realismo).

  Esta é a resposta realista. Os realistas consideram as teorias como mais ou menos verdadeiras, e elas nos dizem como o mundo é: não somente como ele é com relação ao que podemos observar, mas também no que toca às suas qualidades inobserváveis. Ora, traçar a distinção entre o observável e o inobservável é um pouco difícil. Em primeiro lugar, queremos dizer "observável" a olho nu ou com instrumentos científicos? Os próprios cientistas adotam a última compreensão e falam de observar processos biológicos, moléculas e inclusive átomos. Contudo, mesmo que você se sinta bem ao falar de observar insetos microscópicos através de microscópios óticos, estou disposto a apostar que você se sente menos confortável a respeito de observar amontoados de átomos ao escanear em um microscópio eletrônico. No primeiro caso, temos uma série de lentes que intervêm entre os nossos olhos e a amostra; no segundo, temos um arranjo bem mais complexo de aparelhos elétricos, para não mencionar a ampliação feita pelo computador envolvido. Agora talvez você diga que não deveria importar como o instrumento de observação é construído e que nós simplesmente não podemos separar rigidamente aqueles aparelhos que contribuem para observações "genuínas" daqueles que não contribuem. Se você disser isso, poderá estar inclinado a seguir um de dois caminhos: ou não importa que você use instrumentos para a observação; ou importa, e a observação a olho nu é a única que conta. Mesmo que você seja rígido e vá pela segunda via, as coisas podem não ser tão simples assim. Por outro lado, parece que podemos apresentar alguns casos incontroversos: o fungo verde na placa de Petri é observável; partículas subatômicas não são. Há também áreas mal-definidas igualmente óbvias: moléculas muito grandes ou insetos no limite do microscópico, por exemplo. Bem, esses não são problemas para o realista. Se sua teoria está apropriadamente justificada, e ele a toma como verdadeira, então não importa como caracterizamos a distinção entre o observável e o inobservável: ele aceitará que os objetos postulados pela teoria estão "lá" no mundo. O antirrealista, é claro, adotará uma visão diferente.

Eis uma resposta diferente:

A_2: as teorias nos dizem como o mundo *é*, somente em seus aspectos observáveis (instrumentalismo).

O realismo tem seus problemas, tal como veremos. Em particular, os entes inobserváveis têm ido e vindo ao longo da história. Desse modo, uma opção é traçar a distinção anterior e insistir que o valor das teorias está não em serem verdadeiras ou falsas, mas simplesmente em quão úteis elas são quando queremos explicar e predizer os fenômenos. Em outras palavras, em vez de nos dizerem como o mundo é, as teorias deveriam ser vistas como instrumentos que usamos para predizer mais fenômenos observáveis (daí o nome "instrumentalismo"). Essa é uma visão que caiu nas graças nos últimos anos, principalmente porque as teorias funcionam na prática científica como algo mais do que instrumentos para a predição. É por isso que a forma mais conhecida de antirrealismo moderno adota a seguinte resposta à nossa questão original:

A_3: as teorias nos dizem como o mundo *é* em seus aspectos observáveis e como o mundo *pode ser* em seus aspectos inobserváveis (empirismo construtivo).

Essa visão aceita que as teorias desempenham um papel na ciência que vai além de serem simplesmente máquinas de predições. Entretanto, pelo tipo de razões que veremos adiante, ela nutre dúvidas sobre as entidades e os processos inobserváveis, insistindo no fato de, que enquanto as teorias nos dizem como o mundo é em relação às características observáveis, não podemos estar certos de que elas nos dizem como as coisas são em relação ao inobservável, somente como o mundo poderia ser. Exploremos essas posições mais detalhadamente.

REALISMO CIENTÍFICO

Como acabamos de indicar, de acordo com o "realista", as teorias científicas descrevem corretamente como o mundo é, isto é, as teorias científicas:

- são verdadeiras;
- descrevem corretamente que tipos de coisas há no mundo (observáveis e inobserváveis);
- descrevem corretamente a maneira como essas coisas estão relacionadas.

Esta parece ser uma posição bastante simples, mas mesmo nessa etapa precisamos tomar algum cuidado. Em primeiro lugar, por "verdade" aqui o realista quer dizer verdade no sentido padrão de correspondência, ou seja, um enunciado é tomado como verdadeiro se ele corresponde ao um estado de coisas no mundo. Mas isso pode parecer exagerado, porque sabemos pela história da ciência que as teorias vêm e vão e que mesmo estas que são tomadas como verdadeiras em uma época são abandonadas e substituídas em outras. A reação óbvia para o realista é reconhecer que as teorias mais antigas não eram completamente verdadeiras, mas apenas aproximativamente, e que teorias subsequentes estão melhorando nessa aproximação e conduzindo-nos cada vez mais perto da verdade. Esta parece ser uma imagem plausível, mas acontece que ao preencher os detalhes ela é mais problemática do que pode aparentar. Há outros problemas, mais agudos, que o realista tem de enfrentar, como veremos.

Em segundo lugar, não deveríamos tomar *todas* as teorias ou hipóteses como descrevendo a maneira como o mundo é. O que dizer de hipóteses especulativas, hipóteses que passaram por poucos testes e a respeito das quais ainda temos dúvidas? Essa é uma boa pergunta, e normalmente o realista limita sua atitude realista a teorias *maduras*, isto é, àquelas teorias que:

- estão por aí há algum tempo (que não são especulativas ou de ponta);
- são geralmente aceitas pela comunidade científica (há um consenso geral de que eles estão no caminho certo);
- foram testadas seriamente (sobreviveram à falsificação);

- são sustentadas por um corpo de evidências significativo (elas foram verificadas);

Estas são as teorias que nos dizem como o mundo é, ao menos no que concerne ao realista.

Tudo isso parece plausível, mas podemos dar um argumento para o realismo? Você poderá pensar que um bom argumento é que muitos cientistas são realistas; na verdade, tal atitude pode parecer ser um pré-requisito para se fazer pesquisa científica. Como você pode investigar algo se você não pensa que há algo aí a ser investigado? Antes de mais nada, nem todos os cientistas são realistas. Muitos dos heróis da revolução quântica, por exemplo, concluíram que simplesmente não era possível fazer uma interpretação realista da nova teoria e refugiaram-se em uma forma de instrumentalismo. Além disso, mesmo que adotar uma atitude realista seja necessário para fazer pesquisa (e não é absolutamente claro que seja: eu posso acreditar que *algo* está aí sem aceitar que os vários aspectos da minha teoria correspondem a isso), poderíamos dizer que esta é somente uma questão de psicologia, de ter a atitude mental certa, em vez de ser a base de um argumento convincente. Por que deveríamos nós, filósofos da ciência que estão tentando entender a prática científica, adotar uma atitude realista simplesmente porque os cientistas devem fazê-lo a fim de realizar o seu trabalho? Há um argumento melhor? Na verdade há.

O ARGUMENTO "DERRADEIRO" PARA O REALISMO (TAMBÉM CONHECIDO COMO O "ARGUMENTO SEM MILAGRES")

Esse é o argumento que é mais frequentemente oferecido a fim de convencer alguém a ser um realista quanto às teorias científicas. Ele é adequada e famosamente resumido pelo filósofo Hilary (não é nome de mulher) Putnam, como se segue: "O argumento positivo para o realismo consiste em que ele é a única filosofia que não faz do sucesso da ciência um milagre".[1] A ideia central aqui é que o realismo é a melhor (talvez a única) explicação do sucesso da ciência. A principal razão pela qual estamos olhando para a prática científica é porque a ciência é tão enormemente bem-sucedida: ela mudou nosso mundo através das suas implicações tecnológicas, dando-nos antibióticos, manipulação genética, supercomputadores e *iPods*, e ela mudou a nossa visão fundamental do mundo, dando-nos evolução, espaço-tempo curvos e emaranhados quânticos. Mais especificamente, as teorias científicas são espetacularmente bem-sucedidas em termos de realizar predições que então se mostram corretas. Como explicar isso? É ou um surpreendente (e repetido) milagre, ou essas teorias, de alguma maneira, acertaram. Dada a nossa relutância em aceitar milagres nesta época secular – e isso vai muito além do raro arbusto que queima –, pareceria que a única conclusão que podemos tirar é que a melhor explicação para o sucesso da ciência é que as teorias são verdadeiras e que nos dizem como o mundo é.

Além disso, o realista pode assinalar que essa forma de argumento não é diferente daquela usada pelos próprios cientistas em relação às suas teorias: assim como os cientistas selecionam uma teoria particular com base no fato de que ela é a melhor explicação de um fenômeno, assim o realista argumenta que sua visão filosófica é a melhor explicação de fenômeno mais geral do sucesso da ciência. Desse modo, não há nada de estranho ou de filosoficamente suspeito quanto a esse argumento – ele simplesmente é o mesmo que os cientistas usam. Isso faz parte de uma visão geral conhecida como "naturalismo", segundo a qual a filosofia e a ciência formam um todo sem rupturas e os filósofos deveriam usar o mesmo tipo de estratégias argumentativas.

Desse modo, o argumento derradeiro do realista para a verdade do realismo científico é basicamente o mesmo argumento para a verdade das teorias científicas, ou seja:

- os cientistas argumentam que a teoria T é a melhor explicação do fenômeno;
  logo, T é verdadeira;
- o realista argumenta que o realismo é a melhor explicação do sucesso da ciência;
  logo, o realismo é verdadeiro.

Voltaremos a esse "argumento sem milagres" em breve, mas examinemos agora alguns dos problemas que esse pacote realista enfrenta.

PROBLEMA 1: A METAINDUÇÃO PESSIMISTA

O realista sustenta que as nossas melhores e mais maduras teorias são verdadeiras, ou ao menos estão próximas da verdade. Entra em cena o nosso historiador da ciência que, rindo (maldosamente), diz "já estive lá e já vi no que dá" e nos lembra de todas as teorias que, ao longo da história, foram bem-sucedidas empiricamente, mas que se revelaram subsequentemente falsas, no sentido de que elas não descrevem corretamente que tipos de coisas existem no mundo e/ou não descrevem corretamente os modos como essas coisas estão relacionadas. E se esse foi o caso no passado, como eles podem estar certos de que nossas teorias atuais, bem-sucedidas empiricamente, não se revelarão subsequentemente falsas? E se esse é o caso, como podemos ser realistas quanto a essas teorias?

Esse argumento contra o realista é conhecido como a "metaindução pessimista": é uma espécie de argumento indutivo que usa exemplos da história das ciências, em vez de retirá-los da própria ciência. Assim, é chamado de "metaindução" porque trabalha em um nível superior àquele da própria ciência (o "metanível"); e é pessimista porque conclui que não podemos considerar as nossas teorias atuais como verdadeiras e, portanto, não podemos ser realistas. Este parece ser um argumento bastante poderoso. Quais exemplos são tipicamente oferecidos de teorias passadas que foram bem-sucedidas em nível empírico, mas que agora concordamos que são falsas? Eis uma lista de exemplos bastante conhecidos:

- as esferas cristalinas da astronomia grega (aristotélica);
- os humores da medicina medieval;
- os eflúvios das primeira teorias da eletricidade estática;
- a geologia catastrofista;
- o flogisto;
- o calórico;
- a força vital (fisiologia);
- o éter eletromagnético;
- o éter ótico;
- a inércia circular;
- a geração espontânea.

Outras teorias podem ser encontradas, mas estas são algumas das mais conhecidas. Eis, pois, o argumento novamente: a história da ciência apresenta exemplos de teorias bem-sucedidas que agora são reconhecidas como falsas; portanto, as nossas atuais teorias bem-sucedidas poderão, com probabilidade, revelar-se falsas; portanto não temos razões para adotar uma atitude realista em relação a elas.

Como então o realista pode responder a esse argumento? Ele pode indicar que alguns desses exemplos não foram particularmente bem-desenvolvidos, como o das esferas cristalinas ou o da teoria dos humores na medicina, isto é, ele pode apegar-se a sua condição da maturidade. Em particular, ele pode insistir que, para uma teoria ser considerada como realmente madura e ser merecedora de uma atitude realista, ela deve ter feito *predições que são novidades*, ou seja, predições sobre os fenômenos que não eram considerados na descoberta ou no desenvolvimento da teoria em um primeiro momento. Reciclando novamente nosso exemplo iônico, a predição de que a luz das estrelas seguiria a curvatura do espaço-tempo e se curvaria em volta do sol não apareceu nas manobras heurísticas que estavam por trás disso ou no desenvolvimento subsequente da Teoria Geral da Relatividade de Einstein.

Esse critério extra afasta alguns dos exemplos anteriores – as esferas cristalinas não faziam tais predições; nem a teoria dos humores da medicina os fazia –, mas não todos. Consideremos a teoria do calor, por exemplo. Ela é uma teoria aparentemente plausível de que o calor é uma espécie de substância, chamado "calórico", que flui como um líquido de um corpo quente para um mais frio, e portanto explica por que corpos quentes e frios postos em contato tendem a alcançar a mesma temperatura. Essa foi uma teoria empiricamente bem-sucedida que explicava a expansão do ar quando aquecido (como o calórico absorvido pelas moléculas de ar) e também fazia previsões que eram novidades, relacionadas com a velocidade do som no ar. Mas agora aceitamos que a teoria era falsa e que o calor é realmente o movimento das moléculas. Desse modo, se tivéssemos adotado uma atitude realista em relação à teoria do calórico, seríamos desclassificados; ela satisfaz todos os critérios realistas, mas revelou-se falsa subsequentemente. E se isso pôde acontecer com a teoria do calórico, também pode acontecer com as nossas teorias bem-sucedidas e atualmente aceitas. Portanto, não devemos adotar uma atitude realista em relação a elas.

PROBLEMA 2: A SUBDETERMINAÇÃO DA TEORIA PELA EVIDÊNCIA

Quais são as teorias em relação às quais deveríamos ser realistas? Como já dissemos, aquelas que são empiricamente bem-sucedidas, que fazem novas predições e que são "maduras". E se tivermos duas teorias que são igualmente bem-sucedidas empiricamente? Qual delas devemos considerar como verdadeira? Consideremos duas teorias sobre a extinção dos dinossauros. A Teoria 1 sugere que isso se deveu ao choque de um enorme meteoro que ergueu uma gigantesca quantidade de poeira na atmosfera, bloqueando o sol, mudando o clima e destruindo ecossistemas. A Teoria 2 defende que, ao contrário, deveu-se a uma enorme atividade vulcânica que jogou uma enorme quantidade de poeira na atmosfera, bloqueando o sol, etc., etc. Qual é a verdadeira? A resposta óbvia do realista seria dizer que nenhuma deve ser tomada como verdadeira, que ambas devem ser consideradas hipóteses provisórias e que devemos suspender o juízo até que mais evidências sejam obtidas. Então, quando descobrimos a evidências de uma cratera do impacto de um enorme meteoro próximo à costa do México, podemos tomar isso como um suporte a mais para a Teoria 1.

Mas que outras evidências podem ser encontradas para sustentar a Teoria 2? O que acontece se descobrimos evidências de enormes derramamentos de lava na Índia, indicando uma intensa atividade vulcânica mais ou menos à época da extinção? O que acontece se, para qualquer evidência que encontramos em apoio de uma teoria, encontramos evidências em apoio à sua competidora?

A possibilidade disso é o que se conhece como a "subdeterminação" da teoria pela evidência: qual teoria deveríamos aceitar como verdadeira não é determinada pela evidência. E ela forma a base para um outro argumento contra adotarmos uma atitude realista.

A ideia central é a seguinte: para qualquer teoria T que seja empiricamente bem-sucedida e explique os fenômenos, é possível que exista uma teoria alternativa T' que é bem-sucedida empiricamente e explica os mesmo fenômenos, mas que postula um conjunto diferente de entidades ou apresenta o mundo como sendo de um outro modo. Quão poderoso o realista considera esse argumento depende diretamente de quão seriamente ele encara tal possibilidade. Existem bons casos de subdeterminação na ciência? Acabamos de ver como a subdeterminação pode ser evitada pela nova evidência que descobrimos. O realista pode sugerir que este sempre será o caso. Mas suponhamos que o antirrealista esteja certo: para qualquer evidência que encontramos para T, podemos encontrar mais evidências para apoiar T'. Talvez o realista possa evitar a subdeterminação apelando para outros fatores.

Por exemplo, ele poderá insistir que devemos acreditar naquela que é a melhor explicação dos fenômenos. Isso então dá lugar à questão óbvia: o que conta como a "melhor" explicação? Lembremos: ambas as teorias são igualmente bem-sucedidas empiricamente e, nesse sentido, ambas explicam os fenômenos. Houve muitas e longas discussões na filosofia da ciência a respeito do que significa "explicar" os fenômenos. Façamos uma pequena digressão para considerar isso em mais detalhes.

De acordo com uma abordagem bastante conhecida, sustentada por muitos anos, explicar um fenômeno é deduzir logicamente um enunciado que o descreve a partir de uma ou mais leis, mais as condições relevantes que descrevem a situação na qual o fenômeno é observado. Tomemos o arco-íris, por exemplo: começamos com as leis da ótica, em particular as leis da refração e reflexão, adicionamos a condição de que o observador tem de estar colocado à frente dos pingos de chuva, com o sol atrás dele, e deduzimos a partir dessas leis e das condições particulares o enunciado que descreve o arco-íris. Obviamente, é algo um pouco mais complicado do que isso, mas dá uma ideia geral. A abordagem veio a ser conhecida como a concepção "Nomológica-Dedutiva" ou "N-D" da explicação: "dedutiva" porque ela é baseada na ideia fundamental de que, para explicar algo, deduzimos um enunciado referindo-nos a ele de um outro mais geral (nesse caso, leis científicas); e "nomológico" do Grego "nomos" para lei.

Esta parece ser uma boa concepção do que é uma explicação e teve influência por um bom tempo, mas ela sofre muitas objeções. Consideremos um outro exemplo: temos um dia de sol, e a bandeira lança sua sombra sobre o gramado. Na abordagem anterior, podemos explicar o comprimento da sombra ao deduzi-lo das leis da ótica e da altura do mastro, juntamente com a posição relativa do sol. Não há nenhum problema nisso. Mas também podemos ir na direção contrária: sabedores do comprimento da sombra, podemos deduzir a altura do mastro, usando as leis da ótica e conhecendo a posição relativa do sol. Entretanto, pareceria bizarro afirmar que nós *explicamos* a altura do mastro dessa maneira.

Portanto, parece que a concepção N-D deixa algo de fora. O que poderia ser? Bem, a razão de por que não pensamos que o comprimento da sombra mais as leis da ótica adequadamente explicam a altura do mastro é porque nós sabemos que a sua altura é efetivamente explicada por outros fatores, os quais têm a ver com o comprimento da madeira que foi cortada e, por fim, com os desejos das pessoas responsáveis por erigi-lo. E o que essa explicação nos oferece são os fatores causais responsáveis pelo mastro ter a altura que tem. Fatores similares também podem ser citados para explicar o comprimento da sombra: ela é a combinação da altura do mastro e da posição do sol que causam que o comprimento da sombra seja este que é. Desse modo, o que a concepção N-D deixa de fora são os fatores causais relevantes em uma explicação.

Seguindo essas críticas e ainda outras, a visão N-D da explicação parece ter sido abandonada pela maioria.[2] Hoje em dia, há várias abordagens em competição, incluindo algumas que enfatizam o papel dos modelos nas explicações, como vimos no capítulo anterior. Uma abordagem como essa poderá insistir que um fenômeno é explicado se ele puder ser apropriadamente representado através de algum modelo. É claro que isso coloca a discussão em um patamar anterior, a saber, de uma abordagem adequada da representação.

Em vez de entrar em detalhes aqui, aceitemos que a explicação tem algo a ver com a relação entre a teoria e os fenômenos a serem explicados (e até isso foi objeto de disputa).[3] Em casos de subdeterminação, ambas as teorias podem ter tal relação. Há algo mais a respeito da explicação que pode ajudar o realista a selecionar uma teoria em detrimento de outra? Ora, uma explicação pode ser mais unificada ou mais coerente que a outra. Desse modo, a explicação de eventos de extinção que cita ações vulcânicas pode exigir que mais de uma instância de tais ações tenha acontecido, o que pode parecer menos plausível que o choque de um meteoro enorme. Então, o antirrealista pode responder que apelar à plausibilidade parece bastante fraco, quando supúnhamos estar tratando da verdade, ao menos de acordo com o realista. Talvez tenha sido uma série desairosa de coincidências vulcânicas que levou à morte dos dinossauros (na verdade, parece que há uma aceitação crescente de que a extinção dos dinossauros pode ser explicada pela combinação de ação vulcânica e do impacto de um meteoro).

Mas o realista pode agora responder apelando para outros fatores. Talvez uma teoria seja mais simples do que a outra e deva ser preferida com base nisso, pois ela oferece um explicação mais simples e, por isso, melhor. É claro que o realista então nos deve uma explicação do que é a simplicidade – ora, a Teoria Geral da Relatividade não parece simples para a maioria de nós! Contudo, pode parecer que o realista pode ao menos oferecer os contornos de uma explicação desse tipo: talvez ele possa dizer que uma teoria que postule menos entidades inobserváveis no mundo do que uma outra é mais simples e deve ser preferida, de modo que uma teoria que explica os fenômenos elétricos em termos de uma espécie de objeto com carga (elétrons carregados negativamente) e sua ausência (positiva), em vez de em termos de duas espécies de fluidos diferentemente carregados, digamos (como era a teoria de Benjamin Franklin), seja melhor.

Não obstante, o antirrealista pode apresentar uma questão aparentemente devastadora que passa ao largo de todo o debate a respeito do que queremos dizer com "simples": o que simplicidade tem a ver com verdade? Ou, para colocar a questão de outra forma, por que uma teoria mais simples deveria estar mais próxima da verdade? A menos que o realista possa vincular simplicidade e verdade de alguma maneira, tentar afastar a subdeterminação apelando à simplicidade como um fator não o ajudará. Ele poderá simplesmente insistir, como Einstein fez, que o universo é simples, mas insistência não constitui um argumento, e tais afirmações começam a parecer meras manifestações de fé. O universo poderia ser terrivelmente complexo, mesmo em seu nível mais fundamental, e pode ser, então, que uma teoria muito complicada está de fato mais próxima da verdade. O que o realista precisa é mostrar que a verdade acompanha a simplicidade de alguma maneira – e, até agora, ele não foi capaz de fazer isso.

Mas ainda não é tudo. O realista tem uma outra carta na manga: ele poderá dizer que isso tudo é um pouco grosseiro e que na prática científica efetiva nós não consideramos somente a relação entre a teoria e a evidência quando decidimos se vamos aceitá-la ou não. Nós também consideramos outros fatores, tais como a coerência com outras teorias já bem-aceitas ou com nossas crenças fundamentais mais gerais. Consideremos novamente o nosso exemplo do dinossauro. A teoria que explica a extinção em termos da ação vulcânica recebe um apoio extra da teoria mais geral do movimento dos continentes. Essa teoria explica uma gama de fenômenos geológicos como sendo devidos ao movimento de enormes "placas tectônicas" sobre as quais se situam os continentes. Onde duas dessas placas estão afastando-se uma da outra, brota rocha derretida por debaixo da crosta terrestre, e foi a evidência observada de que isso estava acontecendo no meio do Atlântico que deu suporte conclusivo para a teoria. Onde essas placas colidem, uma é forçada para baixo da outra e a região na qual isso acontece sofre de terremotos e vulcões. Assim, a presença de uma ação vulcânica maior à época da extinção dos dinossauros pode ser ela mesma explicada e compreendida em termos da teoria dos movimentos tectônicos, e a evidência de que houve tal movimento onde e quando a ação vulcânica ocorreu pode ser considerada como evidência indireta para essa explicação da extinção. Isso pode oferecer uma razão ulterior para preferir essa hipótese. Em outras palavras, estabelecer uma relação entre essa hipótese e um conjunto mais amplo de crenças geológicas fundamentais pode ajudar a minar a subdeterminação.

Não obstante, as coisas não são tão simples assim. A hipótese do impacto de um meteoro devastador também pode receber apoio do nosso conhecimento recentemente adquirido de que esses enormes objetos interplanetários frequentemente passam perto (em termos astronômicos) da Terra. Na verdade, observou-se que eventos importantes de extinção parecem ter ocorrido a cada 26 milhões de anos e sugeriu-se que esse é o período de tempo no qual a Terra encontra a "nuvem de Oort", uma enorme "nuvem" de pedras e escombros que restaram da formação do sistema solar e da qual periodicamente surgem asteróides e meteoros. Aqui vemos o conhecimento astronômico de fundo sendo usado para favorecer a hipótese do impacto do asteróide. O problema, como o vemos agora, é que os aderentes de cada hipótese podem apelar para diferentes tipos de conhecimento de fundo para defender suas afirmações e pode não ser claro ainda qual conjunto tem mais peso.

É evidente que o realista pode depositar suas esperanças em algum fortalecimento das relações entre uma das hipóteses subdeterminadas e o conhecimento de fundo relevante e apelar para isso para minar a subdeterminação. Porém, há uma resposta direta que o antirrealista pode oferecer que parece solapar o projeto todo: ele pode simplesmente perguntar "Por que deveríamos considerar o conhecimento prévio relevante como verdadeiro?". Talvez ele também sofra de subdeterminação com relação ao corpo de evidências dado, de modo que uma maneira de minar essa subdeterminação também deve ser encontrada. Então, se isso envolve um conhecimento prévio – conhecimento prévio prévio –, o problema só foi empurrado um passo adiante. Isso é o que o filósofo chama de regresso e não está claro onde ele para.

Precisamos abandonar o assunto por enquanto, mas podemos ao menos ver como esse debate começa a se abrir para uma gama de novos assuntos, que têm a ver com a relação entre a teoria e a evidência, o papel de fatores tais como simplicidade, o impacto do conhecimento de fundo na aceitação de uma teoria.

Há um último problema que o realista precisa enfrentar, o qual vai ao cerne das motivações para essa visão.

PROBLEMA 3: O ARGUMENTO DERRADEIRO SUPÕE O QUE DEVERIA PROVAR

Lembremo-nos do argumento "derradeiro" dado pelo realista para a sua posição: o realismo oferece a melhor explicação para o fenômeno do sucesso da ciência – de que outra maneira podemos explicar esse sucesso, a menos que as nossas teorias sejam verdadeiras ou, em termos mais gerais, de algum modo batem com o mundo? E o realista insiste que o seu argumento para o realismo tem a mesma forma que os argumentos que os próprios cientistas usam para aceitar uma teoria em detrimento de outra, a saber, que aquela teoria oferece a melhor explicação dos fenômenos. Em outras palavras, o que o realista está fazendo não é nada suspeito, filosoficamente falando, mas apela ao mesmo tipo de argumento – inferência à melhor explicação – que os cientistas usam.

Agora surge a questão: os cientistas efetivamente usam essa forma de argumento? Eles concluem que uma teoria que é a melhor explicação dos fenômenos é *verdadeira* e deve ser aceita como tal? A resposta é que alguns sim, outros não – e, ao afirmar que é assim que os cientistas operam, o realista é culpado de assumir a própria explicação realista da prática científica que ele estava tentando defender. Essa prática maldosa é o que os filósofos chamam de "supor o que se deve provar": você assume como parte do seu argumento a própria ideia para a qual você está argumentando! Com certeza, isso não se sustentará como um argumento convincente, em particular se você é um antirrealista.

Então, o antirrealista pode ser legitimamente questionado a respeito da sua explicação sobre o sucesso da ciência. No próximo capítulo, examinaremos as formas atuais de antirrealismo mais conhecidas, porém notemos já que forma essa explicação terá. Basicamente, o antirrealista insiste que precisamos ser cuidadosos ao afirmar que a ciência é tão tremendamente bem-sucedida. Sem dúvida, *algumas* teorias e derivações tecnológicas foram bem-sucedidas, mas focar nelas é ignorar as muitas outras que não foram tão bem-sucedidas e que foram abandonadas no caminho. O sucesso da ciência atual somente parece tão impressionante se destacamos os vencedores, e ele parece bem menos impressionante se trazemos à cena todos os vencidos e, é claro, da enorme gama de teorias apresentadas nos jornais científicos e nas conferências todos os anos, muito poucas sobreviverão aos lobos da experiência; muitas serão falsas ou se revelarão incoerentes. O antirrealista pode fazer uma boa comparação com a teoria da evolução: observamos que certas espécies parecem ser fantasticamente bem-sucedidas em seus nichos ecológicos particulares – o urso polar, por exemplo. Uma explicação é que há algo de especial em relação à espécie, que ela foi planejada para ser daquele modo. Darwin ofereceu uma explicação muito diferente em termos de "seleção natural" que eliminou a necessidade de um planejador – a espécie parece ser bem-sucedida porque os seus competidores não eram "aptos" o suficiente. De forma semelhante, as teorias científicas não têm nenhuma qualidade especial em termos de serem verdadeiras ou o que quer que seja: elas são simplesmente mais "aptas" que suas rivais, que não puderam sobreviver à prática científica, sangue nos dentes e nas presas! (Você consegue ver onde a metáfora se desfaz sob pressão? Voltaremos a isso no próximo capítulo.)

NOTAS

1. H. Putnam, *Mathematics, Matter and Method*, Cambridge Universisty Press, 1979.
2. Uma discussão acessível pode ser encontrada em S. Psillos, *Causation and Explanation*, Acumen & McGill-Queens UP, 2002.
3. Ver N. Cartwright, *How the Laws of Physics Lie*, Cambridge University Press, 1983.

8

Antirrealismo

INTRODUÇÃO

No Capítulo 7, nós examinamos detalhadamente a visão realista da ciência. Ela considera que o objetivo da ciência é a verdade, não em um sentido esquisito, pós-moderno, mas no sentido de corresponder aos estados de coisas que estão "lá fora", no mundo. E o argumento principal, alguns dirão "definitivo", para essa visão é que o realismo é a única posição que não faz do sucesso da ciência um milagre. Esse é o "Argumento Sem Milagres" ou ASM. Em outras palavras, assim como as teorias são aceitas – a afirmação realista – porque constituem as melhores explicações dos fenômenos com os quais elas lidam, assim também o realismo é a melhor (de fato, a única) explicação do sucesso da ciência.

Vimos os problemas que essa posição enfrenta. Em primeiro lugar, aquele de mentalidade histórica dirá "Já vi essa história antes e não gosto dela", registrando que, ao longo da história da ciência, teorias aparentemente bem-sucedidas vieram e se foram; teorias que, estivessem os realistas presentes, aceitariam como verdadeiras, ou algo próximo disso, mas na medida em que elas foram posteriormente jogadas fora como falsas, por que acreditar que as nossas teorias atuais, não importando o quão impressionantemente bem-sucedidas elas sejam, devam ser consideradas verdadeiras ou aproximadamente verdadeiras? Isso é conhecido como o problema da "MetaIndução Pessimista" ou MIP.

Em segundo lugar, pode surgir uma situação na qual temos duas teorias que, assim se afirma, são igualmente bem-apoiadas pela evidência. Esse é o problema da Subdeterminação da Teoria pela Evidência ou STE. Se o sucesso empírico é visto como indicativo da verdade, como o realista decidirá que teoria é verdadeira, ou que teoria está mais próxima da verdade? Ora, o realista sempre poderá depositar suas esperanças no surgimento de mais evidências que resolverão o impasse. Mas suponhamos que isso nunca aconteça? Ao que então ele poderá apelar? Ele poderá optar pela teoria que é a mais simples, mas daí é legítimo perguntar o que a simplicidade tem a ver com a verdade. Ou ele indicará a maneira como uma das teorias está mais bem-integrada ao conhecimento prévio do que a outra, mas a mesma preocupação surge com o conhecimento prévio, e o problema é simplesmente empurrado um passo adiante.

E, finalmente, existe a crítica de que o ASM supõe o que se deveria provar, isto é, ele assume a própria visão realista que é chamado a defender. Se você não é um realista, não aceitará a afirmação de que os cientistas escolhem aquela teoria que é a melhor explicação como a verdadeira e, desse modo, você não será persuadido pela afirmação similar de que o realismo é a melhor explicação do sucesso da ciência. É claro que agora o ônus de apresentar uma explicação alternativa desse sucesso é seu, mas como vimos isso não é tão difícil assim.

Eis a questão fundamental deste capítulo: como devemos responder a tais problemas? Há várias respostas a essa questão na literatura, mas eu focarei apenas três, que são bem-conhecidas e, eu espero, alternativas interessantes.

ALTERNATIVA 1: EMPIRISMO CONSTRUTIVO

Esta é talvez a forma dominante de antirrealismo que há na filosofia da ciência hoje em dia. Basicamente, ela identifica a fonte dos problemas MIP e STE como sendo o apelo a entidades e processos inobserváveis e insiste que restrinjamos nossa crença somente a coisas observáveis. É importante termos clareza sobre como essa forma de antirrealismo difere de formas anteriores, tais como o "instrumentalismo". O instrumentalismo, como o nome sugere, tomava as teorias como não sendo mais do que instrumentos para a predição de fenômenos empíricos e, como tais, elas não podiam ser consideradas como verdadeiras ou até mesmo como aproximadamente verdadeiras. Enunciados teóricos – isto é, enunciados sobre coisas inobserváveis como elétrons, genes, o ego ou o que quer que seja – nada mais são do que índices de abreviações de longas listas de enunciados de observações. Desse modo, quando um cientista afirma que o "DNA é composto de uma série de bases de nitrogênio interconectadas por fitas de açúcar e fosfato", o instrumentalista toma isso como significando "Quando você faz um experimento tal e tal, você observará um resultado tal e tal". (Obviamente a lista de observações em cada caso será enorme!)

O problema dessa visão é que ela não se adapta bem à prática científica. Quando um cientista diz "Toda a evidência foi coletada e parece que a nossa teoria está bem próxima da verdade", o instrumentalista precisa traduzir isso como "Toda a evidência foi coletada e parece que a nossa teoria é um bom instrumento de previsão". E quando os cientistas falam sobre elétrons, genes, ego ou o que quer que seja, o instrumentalista precisa dizer "Ah, isso sobre o que vocês estão falando são listas enormes de observações" (ao que os cientistas podem muito bem responder "Não, estamos falando de elétrons, genes, ego ou o que quer que seja!"). Nessa visão, não podemos tomar a linguagem do cientista literalmente e precisamos traduzir toda a fala e todas as crenças dos cientistas em termos de observações.

O empirista construtivista, por outro lado, toma a linguagem da ciência literalmente. Ele concorda que, quando os cientistas falam a respeito de entidades inobserváveis, sua fala é, de fato, sobre essas entidades e não uma mera abreviação para longas listas de enunciados de observação. E ele também concorda que as teorias são o tipo de coisa que pode ser verdadeira. Entretanto – e aqui é que está –, o empirista construtivista adiciona o que ele considera ser uma saudável dose de ceticismo ao caso. "Como sabemos que as teorias são verdadeiras?", ele pergunta. Em particular, como sabemos que os enunciados teóricos se referem a entidades inobserváveis, tal como pretendem? Se aceitarmos a premissa empirista de que todo o conhecimento é somente do empírico, isto é, do *observável*, isto é, aquilo que podemos observar a olho nu, então claramente não podemos *saber* se elétrons, genes ou o ego existem, nem podemos saber, portanto, se as teorias são verdadeiras ou não. Elas podem ser, mas simplesmente não sabemos.

Segundo essa visão, não deveríamos acreditar que as teorias são verdadeiras ou aproximadamente verdadeiras. Que atitude devemos tomar em relação a elas? O que os cientistas fazem, como vimos, é testar suas teorias, procurar apoio empírico para elas, tentar determinar se são adequadas em termos de acomodarem as observações relevantes. Desse modo, em vez de acreditarmos que teorias são verdadeiras, deveríamos apenas *aceitá-las* como empiricamente adequadas. No que concerne ao empirista construtivista, essa é a atitude apropriada que devemos adotar em relação às teorias, e, além disso, nós deveríamos abandonar a visão realista de que a ciência objetiva a verdade e reconhecer que seu objetivo é a *adequação empírica*. Eis o que o "fundador" do empirismo construtivista diz:

> A ciência objetiva oferece-nos teorias que são empiricamente adequadas; e a aceitação de uma teoria envolve como crença somente que ela é empiricamente adequada (...) uma teoria é empiricamente adequada exatamente se o que ela diz sobre as coisas e eventos observáveis neste mundo é verdade – exatamente se ela "salva os fenômenos".[1]

O que então nos dizem as teorias? Na visão realista, elas nos dizem como o mundo é. Porém, de acordo com o empirista construtivo, nunca podemos *saber* como o mundo é, pois nunca podemos saber os seus aspectos inobserváveis. Segundo essa visão, as teorias nos dizem como o mundo *poderia* ser, isto é, elas nos oferecem histórias úteis sobre como o mundo poderia ser, mas nunca podemos saber se essas histórias são de fato verdadeiras ou não.

Você poderá considerar essa posição divertida ou totalmente biruta! Antes que façamos quaisquer juízos críticos, vejamos como ela lida com os três problemas anteriormente citados.

Em primeiro lugar, como o empirista construtivista resolve o problema MIP? Lembremo-nos que o cerne do MIP está na afirmação de que a história da ciência apresenta-nos casos e mais casos de mudanças radicais no nível das entidades inobserváveis. O flogisto, o calórico, o éter foram todos propostos por suas respectivas teorias, e essas teorias realmente tiveram algum sucesso empírico, mas elas foram abandonadas e repudiadas como irreais. Contudo, há um crescimento cumulativo constante através dos anos no nível das consequências observáveis de nossas teorias. Algumas vezes, é claro, o que inicialmente pareciam ser bons experimentos demonstram ser falhos ou problemáticos. Porém, deixando esses casos de lado, a história da ciência parece apresentar-nos com um acúmulo de resultados empíricos. (Alguns filósofos e sociólogos discordaram disso, mas voltaremos a esse assunto no próximo capítulo.)

Parece que o empirismo construtivista pode acomodar isso facilmente. Se pensarmos que uma teoria simplesmente nos diz como o mundo poderia ser, então não deveríamos ficar surpresos, ou inclusive incomodados, quando a evidência nos diz que não, que não poderia ser *desse modo*. É óbvio que isso não oferece evidência conclusiva de que o mundo *é* como a próxima teoria propõe que ele é; novamente, essa é apenas uma outra maneira que ele poderia ser. Portanto, as mudanças radicais no nível dos inobserváveis nada mais são do que mudanças da história, de "O mundo poderia ser assim..." para "Ou ele poderia se assado...". Em todo caso, não podemos saber ao certo. E como o nível das evidências vai aumentando, cada teoria sucessiva pode ser vista como mais adequada empiricamente do que a sua predecessora e, assim, o crescimento do conhecimento empírico pode ser acomodado.

Em segundo lugar, como o empirismo construtivista supera o problema STE? Isso é até mesmo um problema menor. Lembremos-nos que STE afirma que pode haver situações nas quais temos duas teorias, ambas igualmente apoiadas pela evidência, e portanto não podemos acreditar que qualquer uma delas seja verdadeira. Na verdade, diz o empirista construtivista, nem deveríamos! Contudo, podemos aceitar ambas teorias como empiricamente adequadas. É evidente que, como um cientista atuante, você poderá ter de decidir trabalhar com uma em vez de com a outra simplesmente porque você não tem dinheiro suficiente ou conhecimento para trabalhar com ambas. Ou você poderá decidir que uma é mais simples ou mais fácil de trabalhar do que a outra. Tudo bem: as razões para a sua escolha não têm nada a ver com a verdade de nenhuma teoria. A escolha de trabalhar com uma ou outra teoria será feita em bases puramente "pragmáticas".

Por fim, como explicar o sucesso da ciência? Obviamente, o empirista construtivo não aceitará ASM. Em vez disso, ele poderá questionar o sentido em que, sem ASM, o sucesso da ciência seria um milagre. Como notamos ao final do capítulo anterior, esse sucesso parece impressionante, mas talvez isso seja assim apenas porque focamos nas teorias bem-sucedidas e nos esquecemos de todas as outras que ficaram pelo caminho. Faça um passeio pela biblioteca da universidade uma hora dessas, passe os dedos nos volumes do *Journal of Neurophysiology*, ou da *The Physical Review* ou do *The Journal of Chemical Ecology*, ou de qualquer outra das muitas revistas científicas especializadas, puxe um desses volumes empoeirados de anos já. Veja as teorias e hipóteses que eram então propostas, mas que foram posteriormente abandonadas. Muitas delas, é claro, eram imaturas, mais ou menos elaboradas; porém, dada a pletora, não é de admirar que certas vezes algumas delas estejam certas?

Compare isso novamente com a situação na biologia: através de mutações ou recombinações, o DNA de um organismo muda. Essas mudanças podem ser benéficas, prejudiciais ou neutras. Se prejudiciais, dado um ambiente local particular, poderá ser improvável que os descendentes que herdaram a mutação sobrevivam para reproduzir, e assim a mutação é extinta. Se benéfica, novamente no contexto de um ambiente particular, ela poderá conferir alguma vantagem aos organismos que a herdaram, e assim a mutação se espalha. Como esse processo continua, espécies inteiramente novas se formarão e nós acabaremos por ter a raposa, que pode viver praticamente em qualquer lugar, desde a tundra até os parques urbanos, e que pode comer de quase tudo, e então pensaremos "Uau, essa espécie é impressionantemente bem-sucedida". Mas isso só parece miraculoso se nos esquecemos de todos os falsos começos evolucionários devidos a mutações prejudiciais ao longo do caminho. A explicação efetiva é realmente prosaica: houve inúmeras mudanças, apenas algumas eram benéficas, e essas são as que nós notamos. O mesmo ocorre com as teorias científicas: tendemos a esquecer todos os falsos começos e hipóteses falsificadas e, ao isolarmos as realmente bem-sucedidas, tratamos esse sucesso como algo que requer uma explicação realista.

Resumamos, então, as ideias principais do empirismo construtivo:

1. Só temos conhecimento do *observável* (essa é uma característica empirista), aquilo que pode ser observado em princípio a olho nu, isto é, como descrito e entendido pela própria ciência. (Assim, por

exemplo, as luas de Júpiter são observáveis porque a ciência nos diz que poderíamos viajar para além do cinto de asteróides e observá-las a olho nu; os elétrons não são observáveis porque, apesar dos apelativos filmes de ficção científica, a própria ciência nos diz que nunca poderíamos diminuir de tamanho a ponto de vê-los com nossos próprios olhos.)
2. Entidades e processos inobserváveis podem existir, mas nós nunca *saberemos*.
3. As teorias podem ser verdadeiras, mas nós nunca *saberemos*.
4. As teorias podem, não obstante, ser aceitas como empiricamente adequadas.
5. Adequação empírica, não verdade, é o objetivo da ciência.

Espero tê-los convencido de que essa é uma visão interessante e, mais do que isso, uma alternativa viável ao realismo. Entretanto, ela também enfrenta dois problemas.

O primeiro, como já enfatizamos, é que ela está fundamentada na ideia de que temos conhecimento somente daquilo que é observável a olho nu. Ora, você poderá objetar que isso se baseia numa clara distinção entre o observável e o inobservável, uma distinção que podemos ter problemas sérios para fazer. No passado, os filósofos tentaram traçá-la em termos linguísticos, entre enunciados de observação e enunciados teóricos, mas a abandonaram como sem esperança. O empirista construtivista moderno não pensa que a distinção possa ser traçada daquele modo, mas sim em termos das próprias entidades. Desse modo, nós somos observáveis, assim como as luas de Júpiter, mas os elétrons não o são. Entre os extremos, podemos encontrar uma área cinza na qual não está claro se a entidade em questão – moléculas muito grandes talvez, ou insetos muito pequenos – contam como observáveis. Mas isso simplesmente quer dizer que "observável" é um termo vago (assim como "careca") e que, na medida em que temos uma boa ideia de quando ele pode ou não ser empregado, não haverá problemas.

Mais importante, talvez, você poderá pensar que tomar "observável" como significando "observável a olho nu" é muito restritivo. Como fica o uso de instrumentos como o microscópio? A ciência não fala de "observar" coisas através de instrumentos como esses? Na verdade, como notamos, fala-se até mesmo de "observar diretamente" o centro do sol usando detectores altamente especializados que registram o fluxo de partículas subatômicas conhecidas como neutrinos. Entretanto, é aqui que o empirista construtivista lembra-nos do segundo termo do seu nome – ele é um empirista, e isso significa adotar determinada atitude em relação ao que conta como conhecimento, uma atitude que enfatiza o papel da experiência, seja isso entendido em termos de dados dos sentidos, seja estendido a ponto de incluir as conexões entre os dados dos sentidos. Insistir que você tem um entendimento mais amplo de "experiência" é adotar uma perspectiva diferente e, se o empirista construtivista puder explicar tudo o que você pode, em particular se ele pode explicar a prática científica e, além disso, evitar os problemas MIP e STE, então não está claro em que base você poderá dizer que a sua perspectiva é melhor!

Mas o que aconteceria se fôssemos realizar um experimento do tipo Frankenstein e substituir nossos olhos por um par de microscópios eletrônicos? Tal pessoa poderia presumivelmente afirmar que "observa" bactérias, a estrutura cristalina de várias superfícies, inclusive aglomerados de átomos (o site *Size and Scale* [http://invsee.asu.edu/Modules/size&scale/unit3/unit3htm] categoriza isso como "Novos Pares de Olhos"). Ou imagine que o projeto SETI afinal dê certo e que entremos em contato com uma espécie alienígena cujos olhos evoluíram diferentemente, de modo que eles podem ver em um nível em que nós não podemos (assim como os pássaros, por exemplo, que podem ver luz polarizada que nós não vemos). Isso não sugere que a distinção do empirista construtivista entre o que é ou não é observável seja algo arbitrário?

O empirista construtivista responde da seguinte maneira: precisamos ter clareza quanto ao fato de que, quando olhamos para as belas imagens produzidas em um microscópio de mapeamento por tunelamento, estamos olhando para imagens que foram produzidas por um processo físico muito, muito, diferente do impacto de luz sobre o olho humano, um processo que envolve a "tunelamento" de elétrons entre a superfície do corpo e uma ponta tão afiada, que ela consiste apenas em um único átomo produzindo um sinal elétrico que é mantido constante ao se subir e baixar essa ponta, e essa subida e descida é então registrada e ampliada por um computador para produzir a imagem.[2] Desse modo, nossa operação Frankenstein precisaria exigir um pouco mais de trabalho do que simplesmente destacar nossos olhos e substituí-los com um instrumento como esse, e qualquer alienígena que "vê" um processo como esse deverá ter uma fisiologia muito diferente da nossa. De fato, o empirista construtivista insistirá que ele seria tão diferente, que deveríamos concluir que tais alienígenas, ou o resultado de nosso experimento monstruoso, não poderiam contar como parte da nossa "comunidade de conhecimento", uma vez que o que conta como conhecimento para eles seria muito diferente do que é para nós.

O segundo principal problema tem a ver com a explicação para o sucesso da ciência. Vimos que isso fornecia a motivação para o realismo através do ASM. A explicação darwinista para o sucesso da ciência, oferecida pelo empirista construtivista, é adequada? Retornemos para a analogia com a evolução e a sobrevivência do mais "apto". A noção fundamental da "adaptação" de uma espécie é agora entendida em termos genéticos, como indicamos em nosso resumo anterior. O que corresponderia a isso com relação à *teoria*? Deixe-me colocar de um outro modo: agora entendemos como uma espécie particular, como a raposa européia, por exemplo, é tão bem-sucedida em termos da interação entre, no final das contas, as mudanças genéticas e o ambiente particular nos quais se encontravam os antecessores evolucionários da raposa. O "ambiente" para uma teoria pode ser tomado como mundo empírico, com os resultados experimentais que conduzem à extinção de certas teorias e permitem a sobrevivência de outras. Mas o que contaria como o mecanismo subjacente a isso, análogo à constituição genética de um organismo que impulsionaria as mudanças nas teorias? É difícil aceitar que pudesse haver tal mecanismo e, assim, a analogia começa a parecer um pouco fraca. O realista, é claro, tem uma resposta: dada teoria é bem-sucedida em um ambiente empírico particular porque, em certo sentido, ela enganchou no mundo; ela "acertou" sobre como ele é.

ALTERNATIVA 2: REALISMO DE ENTIDADES

Mesmo que você concorde que o empirismo construtivo é uma perspectiva demasiadamente cética e restritiva a respeito do que conta como conhecimento, poderá estar relutante quanto a retornar para um completo realismo. Não há uma forma mais modesta de realismo que satisfaça o nosso anseio de saber como o mundo é, tanto em termos observáveis quanto inobserváveis, e que resolva os problemas enfrentados por seu primo mais exuberante? Eis uma outra alternativa que poderá resolver o problema.

Primeiramente, lembremos que a fonte do problema MIP é o aparente abandono de certas entidades inobserváveis através da história e que a fonte do problema STE é o foco na verdade das teorias. A visão conhecida como "Realismo de Entidades" (uma visão desenvolvida por Hacking e descrita em seu livro *Representing and Intervening*) oferece um caminho por entre essas dificuldades ao incitar que afastemos a nossa atenção filosófica das teorias e do assunto controverso relativo a se elas podem ser consideradas verdadeiras ou não, ou se poderão ser verdadeiras somente se nunca pudermos saber, ou o que quer que seja, e em vez disso foquemos nessas entidades inobserváveis em cuja existência estamos confiantes não porque são pressupostas por alguma teoria, mas porque nós as *usamos*. É essa característica pragmática do realismo de entidades que o distingue de outras posições no debate realismo-antirrealismo. As ideias principais, então, são as seguintes:

1. Algumas entidades são *mantidas* através da mudança científica, por exemplo, o elétron, o gene, etc.
2. Nossa crença de que essas entidades existem não tem nada a ver com a *verdade* das teorias, mas com a sua *manipulação prática* na criação de fenômenos.

Eis o que diz Hacking:

> A física experimental oferece a evidência mais forte para o realismo científico. Entidades que em princípio não podem ser observadas são regularmente manipuladas para produzir novos fenômenos e para investigar outros aspectos da natureza. Elas são ferramentas, instrumentos não para pensar, mas para fazer (...) O experimentalista não acredita em elétrons porque (...) eles "salvam os fenômenos". Ao contrário, acreditamos neles porque os usamos para criar novos fenômenos.[3]

Ele dá o exemplo dos cientistas que aspergem um jato de elétrons numa pequena bola de nióbio a fim de mudar a sua carga num experimento para detectar a presença de partículas subatômicas chamadas *quarks*. Não precisamos preocupar-nos com os detalhes do experimento; o que é importante é o fato de que os elétrons são considerados como nada mais do que uma ferramenta que os cientistas manipulam para criar um novo fenômeno. Isso deu lugar a um famoso *slogan* que resume a visão de Hacking: se você puder aspergi-los, então são reais! Os elétrons são simplesmente algo que pode ser pego na estante e usado para se alcançar um efeito desejado. Assim como um mecânico de automóveis não se preocupa se a chave é real ou não (ao menos não se não teve aulas de filosofia), assim também o cientista não se preocupa, nem deveria, com a realidade dos elétrons ou de outros inobserváveis.

Como essa posição supera o problema MIP? O realista de entidades certamente reconhece o problema e aceita que há alguma mudança através da história da ciência no nível dos inobserváveis; porém, o propósito do argumento MIP era cortar o elo do realista entre o sucesso empírico das teorias e a crença na existência de entidades postuladas por essas teorias. A teoria que postulou que o calor era uma espécie de substância, chamada calórico, certamente gozou de alguns sucessos empíricos significativos, mas agora aceitamos que o calor é simplesmente o movimento molecular e que não há nenhum calórico. Contudo, também há a retenção de certas entidades nesse nível, e assim temos algumas razões para o *otimismo*, mas essas razões não têm nada a ver com o uso para o qual essas entidades são postas. Consideremos o humilde elétron outra vez: as teorias associadas mudaram radicalmente, de teorias que viam o elétron obedecendo à mecânica clássica de Newton à nova teoria quântica que sugere que eles têm um aspecto parecido com ondas, ou ainda da eletrodinâmica quântica que os apresenta simplesmente como saliências em um campo quântico até as teorias das cordas atuais, e assim por diante. Apesar de todas essas mudanças, os cientistas continuaram a acreditar na existência dos elétrons porque eles se tornaram ferramentas indispensáveis.

Então, como o realismo de entidades supera o problema STE? Isso é até mais fácil de enfrentar. Lembremos que STE preconiza que, de duas teorias apoiadas pelas mesmas evidências, não podemos acreditar que nenhuma seja verdadeira, ou seja, não podemos acreditar em nenhuma das duas entidades postuladas pelas teorias. Ora, como vimos, o realismo de entidades defende que a crença na existência de certas entidades não tem nada a ver com a verdade das teorias associadas. Na realidade, Hacking sustenta que os cientistas tipicamente usam modelos diferentes ou mesmo incompatíveis do elétron, por exemplo, sem se preocupar com a *verdade*. Ainda podemos acreditar que essas entidades *existem* mesmo quanto enfrentamos situações do tipo STE.

Por fim, como essa visão explica o sucesso da ciência? Recordemos que, para o realista, isso é realmente importante. Ele emprega a mesma estratégia argumentativa que os cientistas, ou diz assim: tomamos as melhores explicações do fenômeno e as consideramos a verdade. No caso da ciência, o fenômeno pode ser a curvatura da luz em volta do sol, por exemplo, e a teoria seria a Teoria Geral da Relatividade de Einstein; no caso da filosofia da ciência, o "fenômeno" é o próprio sucesso da ciência e a "teoria" é o realismo. Entretanto, o realista de entidades não está interessado na suposta verdade das teorias na medida em que isso não é indicativo para o que nós deveríamos tomar como "real". Como já dissemos, o sucesso empírico das teorias pode ser enganador, conduzindo os cientistas a aceitar a existência de entidades que posteriormente se demonstra que não existem. O realista de entidades tem uma visão diferente do sucesso: a ciência deve ser considerada bem-sucedida não porque ela permite que representemos melhor o mundo e porque nos diz como o mundo é, mas porque ela nos permite *intervir* no mundo quando, por exemplo, criamos novos fenômenos e novas tecnologias. Deveríamos concentrar-nos em sua intervenção, e não na representação, e é pelo fato de que podemos usá-las como ferramentas para a intervenção que somos levados a acreditar em elétrons e em outra entidades inobserváveis.

Esta é uma visão poderosa e bastante complexa, mas ela também enfrenta problemas.

Em primeiro lugar, tem uma óbvia consequência impalatável: o que acontece se você encontra uma entidade, ou uma hipótese que postula uma entidade, que você não pode manipular nem pode usar para intervir no mundo? O realista de entidades, presumivelmente, insistiria que você não tem boas razões para considerar essa entidade como existindo. Porém, saindo do domínio da física por um momento, isso pode não apresentar um problema para o químico, por exemplo, pois ele poderá argumentar que, como utiliza certos tipos de moléculas para produzir certos efeitos e criar certos tipos de fenômenos, ele poderá afirmar que essas moléculas existem. De modo similar, o biólogo que utiliza certas enzimas para romper fitas de RNA a fim de criar certos fenômenos genéticos tem razões para considerar ao menos essas enzimas como reais. Mas o que dizer do psicólogo que fala a respeito do ego? Ele parece estar em terreno menos firme. Talvez isso seja algo bom, talvez seja uma maneira de nos livrarmos de todas as entidades suspeitas e ficar somente com essas que deveríamos considerar como reais (realmente reais!).

Contudo, mesmo na física, ou talvez na astrofísica, pode haver problemas. Os astrofísicos têm notado um tipo de fenômeno pelo qual objetos muito parecidos parecem estar simetricamente reproduzidos em certas regiões do espaço. Consideremos, por exemplo, a "Cruz de Einstein", na qual um trevo de quatro pontos brilhantes podem ser vistos no centro de uma galáxia distante.[4] Pois bem, a maioria das galáxias têm somente um núcleo, de modo que esse é um fenômeno estranho, e o astrônomos tentaram explicá-lo sugerindo que de fato o que se estava vendo era a luz de um objeto muito distante conhecido como um "quasar", que é curvo e rompido pelo campo gravitacional da galáxia interposta de forma a produzir quatro imagens. A galáxia está agindo como uma "lente gravitacional".[5]

Muitos astrônomos vieram a aceitar a existência dessas lentes gravitacionais porque elas explicavam certo número de fenômenos de outro modo bizarros. E é fácil de ver como a explicação funciona: aqui há algo realmente estranho – quatro pontos brilhantes no centro de uma galáxia, por exemplo. As chances de que isso seja uma galáxia com um centro muito incomum são realmente baixas; uma explicação melhor – na verdade, a melhor – é que estamos vendo um outro efeito gravitacional: a massa de uma galáxia é tão grande que ela distorce suficientemente o espaço-tempo circundante para refratar e curvar a luz de um objeto distante, criando as quatro imagens. Entretanto, para o realista de entidade, isso não é suficiente, pois não podemos acreditar na existência de lentes gravitacionais até que possamos usá-las e manipulá-las para produzir novos fenômenos. Quais são as chances de que sejamos capazes de usar o centro de uma galáxia tal como um mecânico usa sua chave em qualquer tempo futuro?! Isso põe o realista de entidades em descompasso com os melhores cientistas da astrofísica, mas talvez seja uma situação que ele não receie.

Esta, no entanto, não é a única objeção. O realista de entidades aceita que elétrons, genes, etc. (mas não lentes gravitacionais ou buracos negros) existem. Mas o que são eles? Se dizemos que um elétron é uma partícula subatômica carregada, ou uma saliência num campo quântico ou a ponta vibrante de uma "corda" quântica, ou o que quer que seja, de onde foi que obtivemos essa descrição? De uma teoria, é claro. Mas como podemos dizer o que um elétron, um gene, ou o que quer que seja, *é* se nossas teorias sobre isso mudam, ou se temos teorias incompatíveis sobre isso? Como já observamos, nossa descrição do elétron mudou drasticamente nos últimos cem anos aproximadamente, passando de uma pequena porção de matéria para uma partícula-onda, para uma saliência num campo quântico, para a manifestação de uma supercorda multidimensional, para... Contudo, se nos concentrarmos nessas descrições, teremos de enfrentar algo como a volta da MIP! O realista de entidades poderá dizer que os elétrons existem porque ele pode usá-los como ferramentas, mas não poderá dizer com confiança o que eles são, porque a história ensina que nossa descrição atual poderá em breve ter o destino daquelas que tínhamos há dez, quinze ou cem anos. No entanto, se não pudermos dizer o que é um elétron, não será vazia a nossa crença em sua existência?

O realista de entidades terá simplesmente de aceitar isso e concordar que tudo o que ele pode dizer é que há algo que existe e que está carregado de um modo tal e qual, tem a seguinte massa, mas que isso é tudo o que ele pode dizer. Eis uma última objeção que muitos pensam que é um obstáculo sério que precisa ser superado.

O realista de entidades, como vimos, concentra-se no uso que os cientistas fazem de certas entidades. Mas estão os elétrons, as enzimas e similares num mesmo plano que uma chave de mecânico? Ora, você não pode tirar da estante uma enorme caixa de elétrons e começar a espalhá-los. O que os cientistas de fato fazem é usar uma arma de elétrons, que produz um facho de elétrons apropriadamente focado que pode então ser mirado em uma bola de nióbio, ou no interior de uma tela de TV ou no monitor de um computador. É essa arma de elétrons que é mais parecida com uma chave de mecânico a ser usada pelos cientistas para obter os efeitos que desejam. Ora, os elétrons são inobserváveis – esse é obviamente o ponto central – de modo que a construção e o uso de uma arma de elétrons baseia-se na compreensão de certas propriedades dos elétrons (tais como carga e massa) e das leis a que obedecem. Essas leis podem não ser de um nível super elevado e abstrato; elas podem ser reunidas de tal forma que se aplicam somente às situações particulares nas quais os elétrons estão sendo produzidos, mas é nelas que se baseiam os cientistas. Em outras palavras, os cientistas precisam aceitar essas leis de nível mais baixo como verdadeiras a fim de obter os efeitos que desejam. Desse modo, quando usamos elétrons, por exemplo, para criar novos fenômenos, estamos na verdade nos baseando em teorias (causais) de "nível baixo" sobre o comportamento dos elétrons. Tanto essas leis de nível baixo quanto as teorias são aceitas como verdadeiras porque elas são empiricamente bem-sucedidas. Todavia, se nos concentramos nessas leis de nível baixo, temos pela frente algo como o retorno de STE! E, de repente, o realismo de entidades não parece ser mais tão diferente desse outro de forma mais padrão.

Essas objeções não eliminaram a posição, e muitos filósofos da ciência continuam a articulá-la, em particular os que sentem que a análise da ciência tende a ser muito orientada para a teoria e que ela precisa estar mais centrada em assuntos pragmáticos e experimentais. Entretanto, há uma outra forma de realismo que vai ao outro extremo e abraça o teórico. Vejamos isso melhor antes de avançarmos.

ALTERNATIVA 3: REALISMO ESTRUTURAL

Voltemos à MIP e olhemos mais de perto a história da ciência. Consideremos um outro exemplo: a história da luz. Newton pensava, o que ficou famoso, que a luz era composta de pequenas partículas que sofriam "ataques" quando passavam do ar para o vidro, por exemplo, levando ao fenômeno da refração. Então, Young propôs que a luz de fato era uma onda, e Fresnel desenvolveu essa teoria ainda mais, produzindo um conjunto de equações (conhecidas agora como – surpresa! – as Equações de Fresnel) que descreviam o comportamento da luz quando esta passava de um meio – o ar – a outro – o vidro. Recordemos que, quando um crítico assinalou que, se a luz realmente fosse uma onda, em condições adequadas deveríamos ver um ponto branco na sombra produzida por um disco iluminado (devido à difração em volta dos limites do disco), Fresnel realizou o experimento e ficou tão surpreso quanto o crítico quando um ponto branco foi observado. Maxwell colocou a luz sob o guarda-chuva da sua teoria do eletromagnetismo (você se lembra dos experimentos de Hertz?) de acordo com a qual ela era concebida como uma onda eletromagnética oscilante. Daí veio a teoria quântica e Einstein (de novo) que argumentou que a luz devia ser vista (!) como tendo qualidades de partículas: assim ficou demonstrada a famosa dualidade quântica onda-partícula. Posteriormente, ela também foi considerada como uma espécie de campo quântico, e a história de sua natureza mutante continua.

Isso é como água para o moinho da MIP: a luz como uma partícula newtoniana foi abandonada, assim como a luz como onda, de sorte que não temos nenhuma boa razão para supor que no futuro a ideia da luz como um campo quântico não possa ser relegada à lata de lixo da história. Mas talvez isso seja precipitado demais. Talvez exista algo que seja retido através dessas mudanças teóricas drásticas, algo mais que somente toda a evidência empírica na qual se concentrava o empirista construtivista. Ora, nós ainda usamos as equações de Maxwell (em certas circunstâncias) na era quântica e, mesmo depois que Maxwell propôs suas equações, os cientistas ainda usavam as de Fresnel. Na verdade, elas saem – ou mais precisamente podem ser deduzidas – da teoria de Maxwell se certas condições são aplicadas e, nesse sentido, elas são mantidas apesar de todas as mudanças na nossa visão do que a luz de fato é. Essas equações podem ser entendidas como representando a estrutura da realidade e a visão de que é a *estrutura* que é retida através das mudanças de teoria. É a respeito disso que deveríamos ser realistas, o que é conhecido como *realismo estrutural*. Suas ideias centrais são as seguintes:

1. A *estrutura* é mantida através das mudanças científicas.
2. É a respeito da *estrutura* que devemos ser realistas.

Esta é de fato uma ideia bastante antiga. Se você olhar para trás, para os comentários sobre a ciência dos últimos cem anos ou algo assim, verá que ela aparece aqui e acolá. Poincaré, por exemplo, era um famoso (e brilhante) matemático e físico (ele esteve a um passo de descobrir a teoria da relatividade, por exemplo), mas também pensou com persistência e com profundidade sobre a natureza da ciência. Notou que certas equações eram tipicamente retidas através da mudança de teoria e escreveu o seguinte:

> (...) se as equações permanecem verdadeiras é porque as relações preservam sua realidade. Elas nos ensinam agora, como o faziam antes, que existe tal e tal relação entre esta coisa e aquela; só que o que então chamávamos movimento agora chamamos de corrente elétrica. Mas esses são somente nomes das imagens que substituímos pelos objetos reais que a Natureza quer esconder para sempre do nosso olhar. As verdadeiras relações entre esses objetos reais são a única realidade que podemos alcançar.[6]

A ideia então é que tudo o que podemos conhecer a respeito da realidade é capturado pelas equações que representam as relações entre as coisas, cujas verdadeiras "naturezas" nunca podemos na verdade conhecer (até esse ponto, a MIP está certa).

Como essa visão supera o problema MIP? A resposta deveria ser óbvia: MIP insiste que há mudanças radicais no nível das entidades observáveis, mas esquece-se do fato de que também há a retenção de certas *estruturas* nesse nível. Reorientando nossa atenção das entidades para as estruturas, é a respeito das últimas que devemos ser realistas.

Como isso supera o problema STE? Essa questão é um pouco mais complicada, mas uma resposta seguiria esta direção: STE, supõe-se, nos levaria a concluir que não podemos acreditar que nenhuma teoria é verdadeira, mas isso está bem, porque o realista estrutural não considera que toda a teoria é verdadeira, mas somente aqueles aspectos estruturais que são mantidos através da mudança de teoria. Desse modo, o realista estrutural insistirá que, a fim de que ambas as teorias sejam empiricamente bem-sucedidas, elas deverão ter certas equações ou estruturas em comum – e é nessa parte comum que devemos acreditar. Agora, se o antirrealista pode aparecer com exemplos de STE nos quais não há partes comuns (estruturais) além do nível empírico, então o realista estrutural estará encurralado. A extinção dos dinossauros pode ser um exemplo, embora o realista estrutural acompanhe o realista de senso comum, argumentando que mais evidências certamente resolverão o caso para um lado ou para o outro.

Por fim, como essa visão explica o sucesso da ciência? Aqui o realista estrutural tipicamente segue seu primo não-estrutural e argumenta que o sucesso da ciência oferece-nos boas razões para supor que as nossas teorias descrevem corretamente o mundo ou, no mínimo, seus aspectos estruturais. Nesse sentido, o realista estrutural deseja apresentar-se como menos radical que o empirista construtivista e como não tão restritivo em suas crenças quanto o realista de entidades.

Como já dissemos, essa forma de realismo estrutural sustenta que tudo o que podemos *conhecer* é a estrutura do mundo e que devemos ser agnósticos a respeito da natureza das entidades. Há uma outra vertente, no entanto, que insiste que não é o caso que tudo o que conhecemos é a estrutura, mas que tudo o que *há* é estrutura. A motivação para isso é a física quântica. Um proponente da forma mencionada de realismo estrutural escreveu que "o realista estrutural simplesmente afirma (...) que, em função do enorme sucesso empírico da teoria, a estrutura do universo (provavelmente) é quantum-mecânica".[7] Porém, de acordo com a física quântica, a "natureza" das entidades do mundo como objetos é profundamente problemática. Isso é algo que os heróis originais da revolução quântica viram, e eles observaram que, de acordo com a teoria, as entidades fundamentais não poderiam ser consideradas como objetos individuais, como podem as mesas, as cadeiras e as pessoas. Isso é provavelmente suficiente para fazer você se perguntar sobre a natureza dessas entidades. Acontece, no entanto, que a teoria é consistente com o esquema dos objetos individuais. Agora parece que temos um outro tipo de subdeterminação fundamental, só que com a teoria sustentando duas interpretações básicas bastante diferentes: em uma, as entidades da teoria são objetos individuais; na outra, não o são em certo sentido. Os antirrealistas, assim como os empiristas construtivistas, alegam que isso dá lugar a mais um problema para o realista "padrão", a saber: se ele não pode nem mesmo dizer se os objetos em cuja existência acredita são individuais ou não, então de que serve seu realismo?

Essa segunda forma de realismo estrutural responde a tal desafio, sugerindo que devemos abdicar completamente da noção de objeto em nossa teoria, de maneira que aquilo sobre o que versam as teorias, nessa visão, são pura e simplesmente estruturas. Ora, talvez nem tão simplesmente assim, já que não está completamente claro o que poderia querer dizer que o mundo é, em essência, apenas estrutura. A compreensão costumeira de uma estrutura é que ela consiste de uma família de relações que valem para um conjunto de objetos. Considere a estrutura genealógica de sua família, com as relações como "pai de" e "filha de" valendo entre várias pessoas. Contudo, se os objetos são retirados do quadro, de que valem as relações? E como podem valer as relações sem quaisquer *relata*? Essas são questões cruciais, porém avançar mais nos lançaria para além desse ponto decisivo, ou seja, para o abismo! Tudo o que posso dizer é que explicar essa forma de realismo estrutural é a prioridade número um para os realistas estruturais (tais como o autor!).

Assim como acontece com as outras posições, o realismo estrutural também enfrenta problemas. Em primeiro lugar, com a sua concentração nas equações matemáticas, essa posição parece orientada mais para as ciências matemáticas, tais como a física. Como fica a biologia, ou até mesmo a psicologia, nas quais há bem menos matematização? Pode o realismo estrutural encontrar um lugar nesses campos também? Uma resposta é um "sim" descarado, já que a noção de estrutura é ampla o suficiente para se argumentar que a matemática é uma maneira de representá-la. No entanto, há mais trabalho que precisa ser feito para se desenvolver um realismo estrutural no contexto, digamos, da biologia.

Um segundo problema está associado à seguinte questão: a estrutura é sempre retida através da mudança de teoria? E se as próprias estruturas mudarem? Se isso acontecer, então teremos perdido uma das principais vantagens de optarmos pelas estruturas, que é responder à MIP. Não obstante, mesmo que se admita que deve haver alguma mudança para a ciência progredir, não é óbvio que as estruturas pelas quais o realista está interessado mudam tão radicalmente de modo que o realismo estrutural seja assim fatalmente minado. Por fim, não é o caso de que a resposta anterior ao problema STE *pressupõe* justamente o que o realista precisa *mostrar*? Ela simplesmente expressa a esperança de que, em tais casos, sempre haverá uma estrutura comum. Mas o que acontece se duas tais teorias empiricamente equivalentes não têm uma estrutura comum? Então, teríamos a volta do problema STE também. Como no problema anterior, precisamos ver alguns exemplos concretos, e estes não apareceram, ao menos não por enquanto.

CONCLUSÃO

Há uma variedade de opções disponíveis. Aquelas que cobri aqui – realismo padrão, empirismo construtivista, realismo de entidades e realismo estrutural – são somente algumas das mais conhecidas. Aquela que você pensa ser a "melhor" abordagem dependerá não só da sua compreensão da prática científica, de seus objetivos e de sua história, mas também das suas posições filosóficas a respeito do que se pode conhecer. Qualquer argumento em favor de uma posição corre o risco de "pressupor a questão" contra as outras. Tudo o que tentamos fazer aqui foi esboçar os principais argumentos prós e contras, aproximando você das questões de ponta da área. Agora, consideraremos uma forma mais ampla de antirrealismo, a qual obtém sua força da sugestão de que a prática científica e, em particular, a mudança científica e o progresso não são impulsionados pelas observações e pelo apoio empírico, mas sim por fatores sociais, políticos ou econômicos.

EXERCÍCIO DE ESTUDO 3: VERDADE E EXISTÊNCIA

Considere as seguintes questões:

- Você acredita que as bactérias existem? Por que sim/não?
- Você acredita que genes existem? Por que sim/não?
- Você acredita que os elétrons existem? (e aqui vem...) Por que sim/não?

Escreva suas respostas para cada caso. São elas da mesma *espécie* de razões em cada caso, ou diferem em alguns aspectos? Você considera que alguma dessas razões é *melhor* do que alguma das outras? Se sim, dê as razões pelas quais você pensa que são melhores.

Agora considere o seguinte:

> Recentemente, tem havido uma enorme discussão sobre a existência de vida em Marte. Não os alienígenas malvados retratados no filme *Guerra dos Mundos*, mas simplesmente vida em nível bacteriológico. A discussão é importante não só porque é uma questão interessante se existe vida em outros planetas, mas também porque foi sugerido que a vida na Terra pode ser um subproduto da vida em Marte, dado que porções de pedras foram arrancadas da superfície do planeta pelo impacto de asteroides, levando consigo pequenos caroneiros pelo vazio.

Em 1996, a NASA afirmou ter encontrado "nanofósseis" – fósseis de bactérias muito pequenas – em um meteorito que se sabe veio do planeta vizinho. Um ano depois, a sonda da NASA para Marte detectou evidência de que já houve água corrente lá e que, se houve água, deve ter havido também uma atmosfera. Foram apresentadas mais evidências que demonstram canais formados pelo fluxo de água, bem como a possibilidade de grandes quantidades de água congelada sob a superfície.

A afirmação foi posta em dúvida, no entanto, na medida em que outros cientistas argumentaram que as "nano-bactérias" deveriam ter sido dez vezes menores que quaisquer outras vistas na Terra e que os chamados fósseis eram somente resquícios de reações químicas ocorridas no interior das pedras. Então, cinco anos atrás, declarou-se que a "evidência conclusiva" foi encontrada a partir de resquícios de "bactéria magnetotática" marciana. Este é um tipo de bactéria que contém material magnético chamado "magnetita" e que permaneceu quando a bactéria se decompôs nas fissuras da pedra, antes de ser ejetada de Marte pelo impacto do asteróide. O principal cientista, Dr. Friedmann, insistiu que os cristais de magnetita, detectados por sua equipe com o uso de microscópios eletrônicos, satisfaziam os critérios para tais subprodutos da biologia. Ele afirmou que "as chances de encontrar tantas bactérias em dois quilos de pedra de um outro planeta são bem pequenas" e que "isso significa que as bactérias devem ter sido bastante comuns em Marte".

Apesar disso, outros cientistas não estavam tão certos de tal achado. O cientista britânico Colin Pillinger, chefe da equipe européia da missão a Marte, recusou a evidência do meteorito como não-conclusiva e sugeriu que a única maneira de estarmos certos seria colocar uma outra sonda no planeta, com a capacidade de detectar os compostos químicos característicos da vida. Infelizmente, a sua própria sonda bateu e queimou em 2005, de modo que evidências "diretas" ainda estão por ser oferecidas.

Em 2006, dois outros argumentos foram apresentados. Descobriu-se que pequenas rachaduras em um outro meteorito estavam cheias de uma substância rica em carbono, que muito se assemelha ao material encontrado nas fraturas realizadas por micróbios aqui na Terra. E, mais recentemente, uma equipe russo-americana sugeriu que a habilidade de certas bactérias para suportar altas doses de radiação deve-se ao fato de elas terem evoluído em Marte, onde a exposição à radiação pode ser cem vezes maior do que na Terra. Outros cientistas, de novo, não estão tão certos e argumentam que essa habilidade (que levou ao apelido "Conan, a bactéria"!) é mero efeito secundário de um mecanismo de defesa contra a desidratação.

Que tipo de razões estão sendo oferecidas aqui para a existência de vida em Marte? E elas combinam com as razões que você deu para as questões apresentadas no início deste exercício? Você pode pensar em razões para duvidar das conclusões do Dr. Friedmann? Por que você acredita que a proposta do Professor Pillinger levaria a um apoio mais convincente à afirmação?

Você acredita que há vida em Marte?!

NOTAS

1. B. van Fraassen, *The Scientific Image*, Clarendon, 1980, p. 12.
2. Para exemplos de belas imagens produzidos por um miscroscópio de varredura de tunelamento, ver http://nobelprize.org/educational_games/physics/microscope/scanning/index.html.
3. I. Hacking, "Experimentation and Scientific Realism", *Phil. Topics* 13 (1991), p. 154-172. Ver também Hacking, *Representing and Intervening*.
4. Ver http://apod.nasa.gov/apod/ap001010.html.
5. Um outro belo exemplo foi fotografado pelo telescópio Hubble. Ver http://hubblesite.org/newscenter/newsdesk/archive/releases/1996/10/.
6. H. Poincaré, *Science and Hypothesis* (1905), Dover, 1952, p. 162.
7. J. Worrall, "Structural Realism: The Best of Both Worlds?", in *The Philosophy of Science*, D. Papineau (ed.), Oxford Universisty Press, (1996), p. 139-165 (publicado originalmente em *Dialectica*, 43, [1989] p. 99-124).

9

Independência

INTRODUÇÃO

Você tem a sua teoria, ela teve algum sucesso empírico e, com base nisso, você acredita que ela diz como o mundo é, caso você seja um realista, ou como o mundo poderia ser, caso você seja um empirista construtivista. Mas então aparece um sociólogo e afirma que você é filho do seu tempo, o produto de condições socioeconômicas e políticas específicas e que, portanto, assim é a sua teoria. Ela diz menos a respeito de como o mundo é, ou poderia ser, e mais a respeito daquelas condições. Ora, essas são afirmações contundentes, mas, como veremos, elas têm alguma força. Na verdade, o sociólogo está apresentando a seguinte questão fundamental: a ciência é independente do seu contexto social?

Uma resposta é: obviamente que não! Há, sem dúvida, um sentido no qual as condições socioeconômicas e políticas têm de ser as certas para a ciência prosperar. Se não há dinheiro suficiente, por parte das universidades, do governo ou da iniciativa privada, ou estruturas institucionais apropriadas que possam sustentar o treino adequado e o desenvolvimento de carreiras, então no mínimo a ciência não terá o apoio de que precisa. Podemos até olhar para a história novamente e sugerir que a revolução científica do século XVII não teria acontecido sem a saída de um sistema feudal, ou que os grandes desenvolvimentos do século XIX não teriam ocorrido sem a revolução industrial. Podemos até mesmo tentar responder à pergunta sobre por que a revolução científica aconteceu na Europa ocidental, em vez de, por exemplo, na China, concentrando-nos nessas condições socioeconômicas específicas. Contudo, não importa quão interessantes essas sugestões sejam, essa resposta é basicamente trivial, no sentido de que ela não oferece nenhuma ameaça à *objetividade* da ciência: as condições precisam ser as adequadas para a ciência florescer, mas elas não determinam o conteúdo das teorias científicas tal como o nosso amigo sociólogo parece sugerir.

Uma outra resposta é: obviamente que não! Essas condições socioeconômicas e políticas estão refletidas no conteúdo efetivo das teorias, de várias maneiras, talvez de modo bem sutil. Consideremos a teoria da evolução de Darwin, por exemplo, com a sua ênfase na sobrevivência do mais apto. Isso é algo mais do que um reflexo do *ethos* vitoriano da época, de acordo com o qual acontecia de o "mais apto" serem os machos brancos britânicos? Essa resposta é claramente não-trivial e solapa a objetividade da ciência, ou ao menos substitui essa noção por outra bem diferente.

Por "objetividade" aqui se quer dizer algo como o seguinte (ao menos em parte): a ciência é neutra em relação a valores no sentido de que valores "contextuais" (isto é, preferências, crenças, interesses, etc.) são valores subjetivos de um indivíduo ou preconceitos culturais de toda uma sociedade que não têm lugar nas teorias científicas ou não *deveriam* ter lugar nelas. Eis, portanto, a questão fundamental deste capítulo: como os fatores sociais podem afetar a ciência?

A CIÊNCIA COMO UMA ATIVIDADE SOCIAL

Como já indicamos, há certos sentidos nos quais a ciência pode ser considerada uma atividade social, mas que não solapam a sua objetividade. Eis alguns desses sentidos:

Fatores sociais podem determinar *o que* as ciências investigam

Com recursos limitados, nem todos os problemas, fenômenos interessantes ou doenças médicas importantes podem ser investigados. Vejamos um exemplo que gerou um debate enorme, não só entre os leigos, mas também entre os cientistas: nos anos 1980 decidiu-se construir no Texas um enorme acelerador de partículas, grande e poderoso o suficiente para se alcançar energias capazes de revelar um dos Santos Graals da física de partículas, a bóson Higgs, também conhecida com a "partícula Deus" porque ela efetivamente dá massa para tudo. Entretanto, em 1993, os custos alcançaram 12 bilhões de dólares, quase três vezes a estimativa original, e o equivalente a toda a contribuição da NASA à estação espacial internacional. Outros cientistas, incluindo físicos, começaram a se preocupar com a drenagem de recursos federais de outras áreas de pesquisa. Considerações políticas também entraram em jogo na medida em que instituições democratas, tanto estatais quanto federais, questionaram se elas deviam apoiar um projeto que começou com os republicanos e com tantos custos. Por fim, o projeto foi cancelado, tendo sido gastos 12 bilhões de dólares e restando alguns túneis enormes sob os campos texanos. A "partícula Deus" ainda está por ser observada.

Passando para a medicina e os cuidados à saúde, a alocação de recursos nessas áreas tem sido há muito tempo uma fonte de controvérsias. Uma declaração proveitosa das dificuldades envolvidas em se estabelecer prioridades foi feita pelo diretor dos Institutos Nacionais para a Saúde do Estados Unidos no site www.nih.gov/about/director/index.htm ("Recursos para a Pesquisa: INS na Era Pós-Doubling: Realidades e Estratégias". Em algum momento, considerações sociais, políticas e econômicas entram em cena, levando a desigualdades que preocupam ativistas, pacientes e profissionais dos serviços de saúde. Veremos exemplos disso no próximo capítulo.

Essas considerações solapam a objetividade da ciência? Não; isso é só uma questão de alocação de recursos.

Fatores sociais podem determinar *como* a ciência investiga

Há diferentes maneiras de se fazer ciência; diferentes maneiras de se conduzir as experiências, por exemplo. Algumas delas podem ser consideradas socialmente ou eticamente inaceitáveis, e nesse aspecto as condições sociais podem influenciar a prática científica. Desse modo, por exemplo, a pesquisa científica que envolve sujeitos humanos está geralmente sujeita a padrões éticos bastante rigorosos, que podem excluir certos experimentos, não importando o quão interessantes eles sejam do ponto de vista científico. Entretanto, outras sociedades, com padrões mais baixos ou diferentes, podem não ter tais pruridos. Os cientistas nazistas, por exemplo, realizaram experimentos terríveis nos prisioneiros em campos de concentração, sujeitando-os a extremos horrorosos de temperatura (ao imergi-los em água gelada, por exemplo) a fim de "testar" a resistência do corpo humano. Sem dúvida, consideraríamos tais experimentos como completamente inaceitáveis e nos recusaríamos a realizá-los. Mas e os resultados dos experimentos dos nazistas? Deveriam ser usados para noa ajudar a desenvolver trajes para pilotos de aeronaves, por exemplo, que poderão cair em águas geladas? Uma visão seria que os experimentos eram intrinsecamente inaceitáveis em termos éticos e, portanto, os seus resultados não deveriam ser usados para nenhum propósito, não importa o quão importante. A opinião alternativa sustenta que, embora os experimentos sejam eles próprios inaceitáveis, suas consequências podem, não obstante, ser benéficas. Em outras palavras, devemos avaliar a dimensão ética aqui com base no uso ao qual esses experimentos podem servir. E, se eles podem ser usados para salvar vidas, então o sofrimento terrível dos sujeitos que foram submetidos a eles não terá sido em vão.

Ou consideremos o debate atual sobre a pesquisa com animais. Um lado insiste que, para muitos experimentos, o uso de animais é necessário e que esses experimentos e testes terão consequências benéficas para a humanidade. O outro argumenta que eles são desnecessários, até mesmo enganadores, dadas as diferentes fisiologias dos animais envolvidos e dos humanos, e que os benefícios decorrentes não deveriam sobrepujar a natureza eticamente horrenda dos experimentos em si. Pode ser que haja uma legislação que restrinja certos tipos de experimentos ou que as elimine completamente, caso em que algumas questões científicas ficarão sem resposta e certos desenvolvimentos não serão explorados ou experimentados. Eu não me posicionarei aqui sobre essas questões éticas, mas a dúvida é: isso solapa a objetividade da ciência? De novo, a resposta é certamente não; padrões éticos podem limitar a prática científica de certa maneira, assim como o dinheiro ou a falta dele também, mas dentro de certos limites os resultados experimentais e o conteúdo das teorias continuam não-afetados.

Fatores sociais podem determinar *o conteúdo* das crenças científicas

Voltemos a nossa atenção agora para a afirmação de que fatores sociais *causam* ou acarretam o tipo de teorias que os cientistas apresentam e nas quais eles acreditam. Agora precisamos ter algum cuidado antes de mergulhar no assunto. Primeiramente, a ideia de que a descoberta de hipóteses e teorias científicas é conduzida por fatores sociais pode não ser tão problemática assim, particularmente se você aceita a separação entre descoberta e justificação que discutimos no Capítulo 2. Lá, recordemos, argumentou-se que as teorias podem ser descobertas através de toda sorte de meios, mas que o importante é como ela é justificada ou recebe o apoio da evidência. Mesmo que o conteúdo efetivo da teoria seja claramente determinado por fatores socioeconômicos e políticos – imagine um Darwin que não viajou no Beagle, não estudou a reprodução animal, e assim por diante, mas que só refletiu sobre a sociedade vitoriana e que assim chegou à ideia da seleção natural e da sobrevivência do mais apto – isso não deveria importar a longo prazo, contanto que a teoria seja lançada aos lobos da experiência e rejeitada ou aceita nessa base. Entretanto, se aquela aceitação ou rejeição é influenciada por fatores sociais, se, por exemplo, o que conta como evidência é assim determinado, ou o impacto da evidência, então poderemos bem concluir que a objetividade da ciência foi erodida ou talvez solapada completamente.

Nesses casos, poderemos concluir que os cientistas passaram a adotar crenças *irracionais*. Como, então, distinguimos entre crenças racionais (objetivas) e irracionais (não-objetivas)?

A resposta tradicional distingue entre crenças racionais e irracionais precisamente em termos da influência de fatores sociais: crenças racionais são adotadas porque elas são verdadeiras, justificadas pela evidência, etc., e portanto, são *objetivas*; crenças irracionais são adotadas por causa da influência de certos fatores sociais. Um exemplo bastante conhecido do último caso, referente à história da biologia, seria o desenvolvimento das ideias de Lysenko na antiga União Soviética.

Lysenko era um agrônomo da Ucrânia que era tipicamente retratado pela imprensa soviética como uma espécie de "cientista camponês", mais interessado nas coisas práticas do que na teoria. Ele se destacou através de uma técnica que chamou de "vernalização", a qual permitia que as culturas de inverno fossem produzidas no verão ao se mergulhar em água e gelar as sementes germinadas. Isso trouxe a esperança de um aumento drástico na produtividade e constitui a base para a teoria de Lysenko de que a interação ambiental é mais importante para o desenvolvimento de um organismo do que a sua constituição genética. Com os geneticistas sob ataque nos anos 1930 devido à sua "separação reacionária entre a teoria e a prática", Lysenko apresentou-se como alguém que tinha alcançado o sucesso prático, diferentemente dos geneticistas com seu "escolasticismo inútil". Junto com Prezent, um membro do partido comunista, Lysenko denunciou a genética como

> (...) reacionária, burguesa, idealista e formalista. Ela foi considerada contrária à filosofia marxista do materialismo dialético. Sua ênfase na estabilidade relativa do gene foi suposta ser uma negação do desenvolvimento dialético tanto quanto um assalto ao materialismo. Sua ênfase na interioridade foi tomada como uma reação à interconexão de todo aspecto da natureza. Sua noção de uma mutação aleatória e indireta foi tomada como minando tanto o determinismo do processo natural quando a habilidade do homem de dar forma à natureza de modo intencional.[1]

Em seu lugar, Lysenko desenvolveu

> (...) uma teoria da hereditariedade que rejeitava a existência de genes e sustentava que a base da hereditariedade não estava em alguma substância especial que se autorreproduzia. Ao contrário, a própria célula... se desenvolvia num organismo, e não havia parte dela que não estivesse sujeita ao desenvolvimento evolucionário. A hereditariedade estava baseada na interação do organismo com o seu ambiente através da internalização das condições externas.[2]

Portanto, de acordo com o lysenkonismo, não há distinção entre o que os biólogos chamam de genótipo, isto é, o nexo de genes herdado por um indivíduo, e o fenótipo, isto é, as características do indivíduo que resultam da interação entre a hereditariedade e o ambiente.

Com a pesquisa genética sendo fustigada como o estigma de estar a serviço do racismo e caricaturada como a "serviçal" da propaganda nazista, situação agravada com a prisão de líderes geneticistas e até mesmo a sua execução, a teoria de Lysenko veio a ser oficialmente endossada, com o próprio Lysenko citando Engels (co-autor com Marx do *Manifesto Comunista*) em apoio a ela. Os efeitos na pesquisa genética soviética e na biologia foram devastadores, e não foi senão na metade da década de 1960, politicamente mais tolerante, que Lysenko foi denunciado e sua teoria rejeitada, assim como o seu sucesso prático revelado como infundado e exagerado. Em 1964, o físico Andrei Sakharov apresentou-se à Assembléia Geral da Academia Soviética das Ciências e declarou que Lysenko foi

> (...) responsável pelo vergonhoso atraso da biologia soviética e da genética, em particular, pela disseminação de visões pseudocientíficas, pelo aventureirismo, pela degradação do ensino e pela difamação, pelo desemprego, pela prisão e inclusive pela morte de muitos cientistas genuínos.[3]

Embora o desejo compreensível de alcançar sucesso prático tenha desempenhado seu papel nessa história (compreensível uma vez que a agricultura soviética havia sofrido terrivelmente da coletivização forçada dos anos 1920), as opiniões de Lysenko foram aceitas e amplamente adotadas na base de considerções *políticas* e, portanto, essa aceitação pode ser considerada injustificada e, no final das contas, irracional.

Uma resposta alternativa à questão anterior a respeito de como distinguimos entre as crenças racionais e as irracionais coloca a distinção inclusive em dúvida e sugere que deveríamos tratar todas as crenças como estando em um mesmo plano, no sentido de que as crenças chamadas "racionais" e "irracionais" deveriam estar sujeitas ao mesmo tipo de explicação, em que, como se notará, a explicação se dará em termos dos fatores sociais. Desse modo, em vez de dizer que certas crenças são, ou devem ser, adotadas porque são verdadeiras ou justificadas pela evidência, enquanto outras não devem, essa abordagem advoga uma igualdade de tratamento – olhemos para os fatores sociais subjacentes à aceitação de todas as crenças, sem exceção. Isso pode parecer bastante razoável, mas um advogado da resposta 1 poderá protestar que resta por se mostrar que a aceitação de teorias e hipóteses científicas é conduzida por esses fatores sociais. Precisamos, e o que os defensores da resposta 2 ofereceram em alguns casos, é de uma reconstrução detalhada de casos particulares da aceitação de teorias, indicando explicitamente os fatores envolvidos e o seu impacto. Esses estudos, é claro, têm sido contestados, mas continuemos a explorar esse tipo de abordagem.

Se o conteúdo de teorias é determinado dessa maneira, no sentido de que elas não são apenas descobertas em função de condições sociais, mas também aceitas por razões similares, então a visão da ciência como objetiva, neutra quanto aos valores, de algum modo situada acima do contexto socioeconômico e político, precisa ser abandonada. As teorias científicas e os "fatos" científicos precisam agora ser vistos como "socialmente construídos".

A CONSTRUÇÃO SOCIAL DOS "FATOS" CIENTÍFICOS

A visão de que as teorias científicas são aceitas, no fim das contas, por razões sociais e de que os fatos científicos são socialmente construídos veio a ser conhecida como "construtivismo social", e uma de suas escolas de pensamento mais influentes é amplamente conhecido como o "Programa Forte". A ideia central dessa posição é que não há nenhuma razão pela qual o *conteúdo* de *todas* as crenças científicas não possa ser explicado em termos de fatores sociais. Isso está baseado na seguinte versão da ideia anterior de que não devemos introduzir distinções entre crenças racionais, que são boas, e crenças irracionais, que são em algum sentido más:

O Postulado da Equivalência: todas as crenças estão na mesma situação com respeito às causas de sua credibilidade.

Eis como os dois mais famosos advogados do Programa Forte o colocam:

> A posição que defenderemos é que a incidência de todas as crenças sem exceção clama por investigação empírica e precisa ser explicada ao se encontrar causas específicas, locais, de sua credibilidade. Isso significa que, sem importar se um sociólogo avalia uma crença como verdadeira ou racional, ou como falsa e irracional, ele precisa pesquisar as causas de sua credibilidade.[4]

Aqui, por causas específicas, locais, Barnes e Bloor querem dizer fatores sociais, de modo que a ideia é procurar pelos fatores subjacentes à aceitação de todas as crenças, sem dividi-las em racionais e irracionais.

Isso dá lugar a uma outra questão interessante: como se estabelece a credibilidade? Na maioria dos casos, não chegamos a trabalhar com muitas teorias científicas. Mesmo que a sua teoria particular, descoberta, justificada e aceita dos modos que consideramos aqui faça com que você receba o Prêmio Nobel, é improvável que você mesmo tenha pessoalmente considerado, avaliado e julgado a evidência. Nós – quer cientistas, quer leigos – tipicamente nos valemos dos juízos dos outros, em particular dos especialistas em suas áreas. Um componente importante desse processo é obviamente a *confiança*. Isso dá lugar à seguinte questão interessante: em quem e em que você pode confiar?

Uma reposta, que pode ser vista como a tradicional, previamente discutida no Capítulo 4, é que você pode confiar na evidência dos seus próprios sentidos. É isso que supostamente fundamenta a objetividade da ciência. Uma alternativa mais moderna é que você pode confiar nos *especialistas*, mas quem são eles? Quando você pensa num especialista, pode pensar logo na imagem da TV de um médico ou técnico de laboratório num jaleco branco, mas por que você deveria confiar em alguém num jaleco branco?! Bem, supõe-se que reflete um *status* social particular, alcançado após certo nível de treinamento, e que a pessoa que o veste inspira certo nível de respeito. Isso é aceitável no que concerne à iconografia das propagandas da TV, mas como fica a objetividade? De novo, a visão tradicional é que isso a deixa exatamente onde ela deveria estar, pois o especialista é *transparentemente* objetivo. Significa que o especialista está em uma espécie de corrente, levando de alguém fazendo as observações até você, e que tudo o que ele faz é transmitir os fatos, como se fosse, ao longo da corrente, sem adicionar, subtrair, distorcer ou modificar nada de modo algum. A objetividade que temos da observação é passada adiante através do especialista, e é por isso que podemos confiar nele, nessa visão: o especialista é um transmissor transparente dos fatos.

Essa ideia está em ordem enquanto pudermos ter assegurado que o especialista permanece transparente e livre de parcialidades. Mas quão plausível é isso? O sociólogo insistirá que não é nada plausível, pois o especialista está imerso em um contexto social particular e, portanto, estará sujeito a todos os fatores sociais, políticos e culturais contingentes associados àquele contexto. Aos transferirmos a objetividade dos fatos ao especialista, imerso em um contexto social particular, ela veio a ser socialmente determinada e, de acordo com a visão tradicional, não é mais a objetividade imparcial, aquela livre de fatores sociais!

Surge a seguinte questão: não poderemos admitir que confiança *é* fundamental para se estabelecer as pretensões de conhecimento dos cientistas, mas insistir que os fatos ainda desempenha um papel importante? Nesse sentido, a "objetividade" pode não ser totalmente determinada em termos sociais. Alguns sociólogos até rejeitaram essa insistência e afirmam que os fatores sociais determinam os próprios fatos. Segundo essa visão, os "fatos" científicos nada mais são do que artefatos e constructos sociais. Investigando os primórdios históricos da ciência moderna, Shapin e Shaffer analisaram o trabalho de Boyle, talvez hoje em dia mais conhecido pela "Lei de Boyle" para os gases. Em particular, eles examinaram o seu trabalho experimental e argumentam que este precisa ser entendido como uma tentativa de estabelecer conhecimento seguro e uma ordem científica no contexto de uma ordem política em mudança após a Guerra Civil Inglesa. E radicalmente, talvez, eles apontam Boyle como o arquiteto da visão de que o cientista, que logicamente era um cavalheiro, deveria ser visto como uma modesta testemunha cuja linguagem aparentemente "objetiva" ajudava a estabelecer "questões de fato" no contexto de uma comunidade de indivíduos com a mesma mentalidade. Eles escrevem: "A objetividade da questão de fato experimental foi um artefato de certas formas de discurso e certos modos de solidariedade social".[5] O que pode significar isso? Como devemos entender a afirmação de que os chamados fatos científicos são "socialmente construídos"? A resposta do sociólogo é a de que o conhecimento científico é construído através da interação social, ou seja, através de uma forma de negociação, entre especialistas nos seus laboratórios. A realidade externa não é, portanto, vista como a causa do conhecimento científico; em vez disso, os cientistas estabelecem a "realidade" através de afirmações que eles fazem como produtores da verdade. Essa é uma posição bastante radical de se adotar, e podemos imediatamente apreciar que a construção social dos fatos conduz a uma forma de *relativismo*, pois, se os fatos dependem do contexto social, então um contexto social diferente (em uma época diferente ou em um lugar diferente) conduzirá a um conjunto diferente de fatos e de um conhecimento científico diferente.

CONSTRUTIVISMO SOCIAL E RELATIVISMO

Examinemos essa consequência um pouco melhor. Uma formulação do relativismo considera-o como sustentando que não há um padrão privilegiado para a justificação de crenças. Em outras palavras, você não pode dizer que certas crenças estão justificadas e que é, portanto, racional adotá-las porque são apoiadas pelos fatos – o que conta como fato depende do contexto social. Eis o que Barnes e Bloor dizem: "Para o relativista, não há nenhum sentido na ideia de que existem alguns padrões e crenças que são *realmente* racionais como distintos daquelas aceitos apenas localmente como tais".[6] Como chegamos a uma posição como essa? Eis aqui três passos (fáceis) para o relativismo:

1. Diferentes grupos sociais sustentam diferentes crenças sobre um determinado assunto.
2. O que você acredita é relativo aos padrões de justificação localmente aceitos, isto é, aos padrões aceitos por um grupo social específico (por exemplo, cientistas, teólogos, feiticeiros, etc.).
3. Como não há um padrão de justificação socialmente independente, todas as crenças estão no mesmo nível.

De acordo com o relativista, os padrões de aceitabilidade ou justificação de crenças científicas são socialmente determinados por valores que são externos à ciência. Não há uma justificação "global" privilegiada, tal como estar em correspondência com os "fatos". O que conta como um "fato" científico é socialmente determinado, e assim é a verdade. Desse modo, a ciência não é "melhor" que qualquer outra forma de crença; todas as crenças são iguais porque não há uma distinção entre o que é "realmente" conhecimento objetivo e o que é localmente aceito como tal.

Você poderá pensar que tal visão é absurda e que, se o relativismo é uma consequência da visão sociológica da objetividade como determinada pelo contexto social, então a visão sociológica precisa ser rejeitada. Não obstante, Barnes e Bloor abraçam o seu relativista interno – e externo – declarando:

> No mundo acadêmico, o relativismo é abominado em todo lugar. Os críticos sentem-se à vontade para descrevê-lo com palavras como "pernicioso" ou para retratá-lo como uma "maré ameaçadora". Pela direita política, o relativismo é visto como destruidor das defesas contra o marxismo e o totalitarismo. Se o conhecimento é considerado relativo às pessoas e aos lugares, à cultura ou à história, então não é só um pequeno passo para conceitos como "física judia"? Pela esquerda, o relativismo é visto como solapando o comprometimento e a força necessários para vencer as defesas e estabelecer uma nova ordem. Como a visão distorcida da ciência burguesa pode ser denunciada sem uma perspectiva de que ela própria é especial e segura?
>
> A maioria dos críticos do relativismo subscreve alguma versão de *racionalismo* e retrata o relativismo como uma ameaça aos padrões racionais, científicos. É, entretanto, uma convenção do discurso acadêmico que poder não é direito. A quantidade poderá favorecer a posição contrária, mas mostraremos que o peso do argumento favorece uma teoria relativista do conhecimento. Longe de ser uma ameaça à compreensão científica de formas do conhecimento, o relativismo é exigido por ela. Nossa afirmação é a de que o relativismo é essencial a todas as disciplinas, tais como a antropologia, a sociologia, a história das instituições e ideias, inclusive a psicologia cognitiva, que explica a variedade dos sistemas de conhecimento, sua distribuição e a maneira como mudam. São esses que se opõem ao relativismo e que conferem a certas formas de conhecimento um estatuto privilegiado que representam uma ameaça ao entendimento científico do conhecimento e da cognição.[7]

Eles insistem que o relativismo é *essencial* à compreensão de como a ciência funciona. Esta é uma visão provocativa, mas ela enfrenta alguns problemas.

- *Problema 1*: se todas as visões são relativas ao contexto social, o que dizer do próprio relativismo?! Se os defensores do relativismo e da construção social dos fatos científicos insistem que a sua visão é objetivamente correta, então seu relativismo é seletivo. Entretanto, há uma resposta simples para isso: a crença de que "fatos" científicos são determinados por fatores sociais é *ela mesma* determinada por fatores sociais. Isso é conhecido por "reflexividade": o relativista é reflexivo ao sustentar que o relativismo é ele próprio relativo. É claro que o que isso significa é que você poderia responder sempre que são os fatores sociais que o levaram a sustentar que os fatos científicos *não* são determinados pelos fatores sociais; porém, ao aceitar que a sua afirmação de que a ciência é objetiva não pode ser defendida objetivamente, você entregou o jogo!

- *Problema 2*: o relativismo bloqueia a mudança, tanto política quanto científica. Esse é potencialmente um problema mais sério. Se o que conta como um fato é determinado pelo – e é relativo ao – contexto político, então fatos com-viés-comunista, por exemplo, são tão objetivos segundo essa visão quanto fatos não-comunistas ou "com-viés-capitalista", e somente uma mudança no contexto político levarão a uma mudança relevante na ciência. Se o que conta como ciência aceitável está determinado pela comunidade local, então se não há qualquer mudança na comunidade social não haverá nenhuma mudança na ciência. Se não temos razões objetivamente justificadas, racionais, para aceitar uma teoria em lugar de outra, em que sentido pode haver progresso científico? A posição padrão é que o progresso vai em direção à verdade e é impulsionado por fatores objetivos, racionais, tais como esses que têm a ver com a evidência. Se aceitarmos alguma forma de relativismo, então essa forma de progresso irá pela janela e ficaremos com a mudança através da mudança no contexto social. Se pensarmos que *há* progresso científico no sentido padrão, então estaremos inclinados a rejeitar a posição relativista.
- *Problema 3*: o relativismo bloqueia a comunicação e o entendimento, seja entre diferentes comunidades sociais no mundo hoje em dia, seja entre diferentes comunidades científicas no tempo. O fato de que podemos compreender as crenças de culturas que são muito diferentes da nossa e de cientistas do século XVIII, XVII ou de séculos antes de Cristo é indicativo de que nem *todas* as nossas crenças são relativas; comunidades diferentes (científicas, culturais, ou de qualquer outro tipo) *compartilham* algumas crenças comuns. É nesse sentido que o filósofo racionalista Lukes insistiu que "(...) a existência de uma realidade comum é condição necessária para o nosso entendimento da linguagem [de uma outra sociedade]".[8] O que ele quer dizer com isso não é que precisamos concordar a respeito da realidade dos campos quânticos, por exemplo. O que ele quer dizer é que essa outra sociedade precisa dispor de nossa distinção entre *verdade* e *falsidade*, porque se não "(...) seremos incapazes até mesmo de concordar a respeito do que conta como uma identificação bem-sucedida de objetos (localizados espaço-temporalmente) públicos".[9] É com base em um acordo como esse que uma espécie de "posição avançada" entre duas culturas ou duas eras científicas pode ser obtida. Desse modo, a ideia é a de que podemos começar a entender o que Newton ou Darwin ou Freud acreditavam porque eles compartilhavam a nossa distinção entre

"verdadeiro" e "falso" no nível básico do tipo de objetos que podemos ver com os nossos olhos à nossa volta. E, de modo similar, podemos começar a compreender as crenças de diferentes comunidades científicas atuais, mesmo que algumas dessas crenças sejam impulsionadas por, digamos, considerações políticas. Assim, consideremos novamente o caso Lysenko: mesmo que as teorias de Lysenko foram desenvolvidas e amplamente aceitas com base em fatores políticos, os oponentes ainda foram capazes de entendê-las, debatê-las e, aos seus custos em muitos casos, rejeitá-las.

O relativista poderá responder que, mesmo quando o assunto são os objetos "públicos", as pessoas de outras culturas podem ter crenças muito diferentes a respeito deles. Imaginemos um grande monte, que se destaca na paisagem rural, por exemplo: podemos vê-lo como uma formação geológica particular, mas a cultura local poderá vê-lo como uma fonte de magia, ou a morada de um rei adormecido e de seus comandados, que acordarão para defender o país em caso de necessidade. Logo, há uma forma de relativismo mesmo aqui. Entretanto, o racionalista não está insistindo que os membros de uma outra sociedade precisam identificar um monte como um "monte", tal como fazemos (como uma formação geológica, digamos), mas que eles precisam ser capazes de distingui-lo de uma árvore, por exemplo, ou de uma poça d'água. Embora os membros de uma outra sociedade possam atribuir certas propriedades a montes que não fazemos – tais como possuir poderes mágicos –, eles precisam atribuir um número suficiente de propriedades que nós lhes atribuímos a fim de distinguir um monte de uma pequena poça d'água, por exemplo. Uma dessas propriedades pode ser essa da relativa impenetrabilidade, de modo que nossos amigos de uma outra sociedade concordarão em atribui o valor de verdade "verdadeiro" ao enunciado "você não pode atravessar andando um monte". No que toca ao antirrelativista, isso é tudo o que precisamos para começar a assumir uma posição avançada no território dessa outra cultura estranha.

O fato de que essa posição avançada possa ser adotada é apoiado de duas maneiras. Primeiramente, há evidência dos próprios antropólogos, que vão a lugares afastados, estranhos, para estudar culturas muito diferentes da nossa e que observam que as pessoas andam propositalmente através de montes. Em outras palavras, apesar do que o relativista diz, não há, aparentemente, casos de antropólogos, ou sequer de historiadores da ciência, que voltam dos seus estudos sem quaisquer resultados e dizendo "nada, eu simplesmente não consegui entender aquela comunidade social ou científica". Não obstante, essa espécie de razão baseada na prática não é inteiramente decisiva, pois o relativista poderá contra-argumentar que nem os antropólogos nem os historiadores da ciência aproximam-se de outra cultura ou época científica como uma *tabula rasa*; em vez disso, eles poderão usar as próprias predileções filosóficas, especialmente se receberam um treinamento nos métodos da nossa ciência e no nosso padrão de racionalidade. Desse modo, não é surpreendente que eles voltem com relatos de contatos de uma forma que apoia tal padrão. Em outras palavras, os dados que os antropólogos e historiadores trazem com eles já estão carregados com a teoria (ampla) de racionalidade da nossa sociedade.

Lembremo-nos de nossa discussão anterior a respeito de as observações serem carregadas de teoria, realizada no Capítulo 6. Isso pode ser visto de duas maneiras: primeira, a teoria com a qual as observações são carregadas não é a teoria que está sendo testada; segunda, as observações na ciência são tipicamente "robustas" no sentido de que os dados permanecem (em um sentido amplo) os mesmos através de uma gama de instrumentalizações com diferentes teorias como pano de fundo. A primeira resposta não está à disposição do racionalista, pois a preocupação gira em torno de que os dados estão carregados precisamente com a moldura teórica que está sendo testada. A segunda resposta é potencialmente muito interessante, mas o que seria preciso é que antropólogos ou historiadores da ciência de culturas radicalmente diferentes da nossa fizessem as observações necessárias, e é difícil ver como isso poderia ser alcançado. Aqui, o racionalista poderá desesperar-se e insistir que agora se estão supondo respostas às questões de um modo contrário a ele, pois defende que não pode haver essas tais culturas radicalmente diferentes!

Há também uma segunda razão que é particularmente interessante com relação à nossa discussão sobre a racionalidade e objetividade na ciência. Lukes apresenta a questão como segue:

> (...) qualquer cultura, científica ou não, que realiza predições bem-sucedidas (e é difícil ver como qualquer sociedade poderia sobreviver se não as fizesse) precisa pressupor uma realidade dada [e]... não é, por assim dizer, qualquer acidente que as predições tanto primitivas quanto do senso comum moderno e da ciência sejam bem-sucedidas. Predições seriam absurdas se não houvesse eventos para predizer.[10]

Isso não parece mais que uma forma do infame "Argumento Sem Milagres", que subjaz ao realismo científico e que foi discutido no Capítulo 8. O cerne do argumento, recordemos, é que o sucesso da ciência – entendido em termos de se fazer predições – seria um milagre a menos que as afirmações que ela faz sobre a realidade sejam (amplamente) verdadeiras e os objetos que ela supõem também existam. Entretanto, observamos antes que isso é altamente polêmico e que, recordemos de novo, é tipicamente apresentado como um modo de inferência que o antirrealista rejeita por supor a questão. É evidente que, como aplicado ao seu projeto de defender o racionalismo contra o relativismo, o racionalista poderá retrucar que tais objeções estão todas em ordem quando o assunto são os objetos inobserváveis da ciência, mas que ele está claramente preocupado com a realidade corriqueira e os seus objetos "públicos, espaço-temporalmente localizados", tais como pedras e montes. Por isso, consideremos o seguinte exemplo: a melhor explicação para o ruído atrás do painel, para os biscoitos mordidos, etc., é que há um rato na casa. Se o relativista está disposto a aceitar isso para objetos do dia-a-dia, tal como ratos, então ele deve estar disposto a aceitar a forma mais geral sugerida antes por Lukes, e a sua oposição aos critérios de racionalidade e objetividade estaria minada.

No entanto, como muitas vezes é o caso com os debates filosóficos, as coisas não são assim tão simples, infelizmente. No contexto do debate realista-antirrealista, um empirista construtivo como van Fraassen rejeitou o movimento de aceitar esse tipo de inferências para objetos cotidianos, tais como ratos, para aceitá-las em geral. Van Fraassen não é nenhum relativista, mas salienta que devemos ser cuidadosos em relação à forma de racionalidade que colocamos em oposição à visão do relativista. Em particular, ele rejeita o que chama de visão "prussiana" baseada em seguir regras da racionalidade em favor de uma visão "inglesa" permissiva. De acordo com a primeira, você é racional somente se segue certas regras, enquanto na segunda você é racional a menos que viole certos limites, tais como ser consistente (então, Bohr foi racional ao propor sua teoria reconhecidamente inconsistente do átomo?!).

O ponto é que não está claro que o racionalista possa justificar a razão exposta para rejeitar o relativismo em função de que nós aplicamos essa razão localmente na forma da inferência para a melhor explicação, mesmo quando é apenas com objetos "públicos" que estamos preocupados. A sua oposição relativista poderá insistir que, em função de não sermos *compelidos* a aceitá-la em nível local, não estamos igualmente compelidos a adotá-la como aplicada globalmente.

Pior ainda, o relativista poderá considerar que o argumento todo – e, em particular, a afirmação de que a "predição seria absurda a menos que houvesse eventos para predizer" – supõe a resposta à questão que está sendo discutida. A afirmação de que a predição bem-sucedida seria um milagre ou absurda – a menos que as afirmações primitivas, as de senso comum ou científicas, das quais essas predições são derivadas, de fato "batam" com a realidade de alguma maneira – pressupõe uma visão da plausibilidade relativa dos milagres que pode ser particular à nossa cultura. Outras culturas podem ter crenças de acordo com as quais a ocorrência de milagres não é tão implausível assim e, portanto, nesse contexto as predições bem-sucedidas, mesmo no nível baixo da plantação de sementes e do evitar chocar-se com montes, podem ser muito bem consideradas como acidentais ou miraculosas.

Nesse estágio do debate, o racionalista poderá protestar que o relativista *não é ele próprio* um membro de uma sociedade na qual se considere que os milagres ocorram em uma base regular, mas um membro da *nossa sociedade*, na qual eles não são considerados assim. Se o relativista se recusa a aceitar os termos do debate e de argumentação da *nossa* cultura, então qual é o propósito de qualquer discussão ainda? Sem dúvida, o relativista poderá insistir que ele não aceita as regras do debate acadêmico, mas somente como contextualmente determinado. Nesse caso, o racionalista poderá pensar que o seu argumento vence, pois o ponto não é se membros de outra sociedade, chamada "primitiva", aceitam o argumento, mas se *nós* o aceitamos. E se nós o aceitamos, mesmo que somente em uma base contextual, então o relativismo está minado – apenas *nesse* contexto, por suposição, mas então esse é o único contexto que é relevante para esse propósito!

Nesse ponto, precisamos parar. Acabamos por nos distanciar bastante da nossa preocupação original com a objetividade, a racionalidade e a independência da ciência de fatores sociais e políticos. Como em muitos debates filosóficos, o assunto não foi decisivamente resolvido, mas eu espero que você tenha algumas ideias dos tópicos em discussão. Podemos iluminar alguns desses tópicos ainda melhor ao considerarmos um exemplo concreto da influência de fatores específicos, tal como a parcialidade de gênero, por exemplo, que é o tópico do nosso próximo capítulo.

NOTAS

1. H. Sheehan, *Marxism and the Philosophy of Science: A Critical History*, Humanities Press International, 1985.
2. *Ibid.*
3. Sakharov, citado em www.learntoquestion.com/seevak/groups/2003/sites/sakharov/AS/biography/dissent.html.
4. B. Barnes e D. Bloor, "Relativism, Rationality and the Sociology of Knowledge", in *Rationality and Relativism*, M. Hollis e S. Lukes (eds.), MIT Press, 1982, p. 23.
5. S. Shapin e S. Shaffer, *Leviathan and the air-pump: Hobbes, Boyle, and the experimental life*, Princeton University Press, 1985.
6. Barnes e Bloor, "Relativism, Rationality and the Sociology of Knowledge", p. 27.
7. *Ibid.*, p. 21-22.
8. S. Lukes, "Some Problems about Rationality", in B. Wilson (ed.), *Rationality*, Harper and Row, 1970, p. 209.
9. *Ibid.*
10. *Ibid.*

10

Parcialidade de gênero

No capítulo anterior consideramos se fatores sociais em geral poderiam minar a objetividade da ciência e examinamos uma visão que sustenta que eles o fazem. Agora, examinaremos um fator particular, ou conjunto de fatores, e considerar a extensão na qual eles ameaçam tal objetividade. O fator em questão tem a ver com o difícil assunto do gênero, de modo que a nossa questão fundamental será: a parcialidade de gênero solapa a objetividade da ciência?

A CIÊNCIA COMO UMA ATIVIDADE ANDROCÊNTRICA

Consideremos como a parcialidade de gênero pode impactar a ciência.

A parcialidade de gênero pode determinar a *proporção* de homens e mulheres na ciência

Isso parece inteiramente plausível. Pesquisas recentes concluíram que embora, na média, as mulheres representem em torno de 50% daqueles que frequentaram a universidade e estão empregados em ocupações profissionais e técnicas, por toda a União Europeia, comparado a somente 44% da força de trabalho total, somente 29% das posições da ciência e da engenharia são ocupadas por mulheres.[1] Anteriormente, uma das principais causas do desequilíbrio entre os gêneros na ciência era a ausência de educação: as mulheres eram ou ativamente desencorajadas a buscar graduações nas ciências ou no mínimo dispensadas como esquisitices ou piadas. Desde a metade dos anos 1960, porém, o número de mulheres diplomadas como bacharéis em ciências e engenharia vem crescendo ano após ano e representa agora aproximadamente a metade do total. Contudo, é claro que as mulheres ainda enfrentam certas barreiras relacionadas ao gênero para entrar na carreira científica e, em prosseguimento, para obter sucesso em tais carreiras: agora é bem sabido que a proporção de mulheres com altas posições na academia, por exemplo, diminui drasticamente na medida em que subimos na escada em direção às posições dos titulares.

Não estão claras quais sejam as razões para isso. Em geral, o tópico do cuidado das crianças é ventilado: as mulheres não são contratadas como cientistas porque elas são vistas como um risco na medida em que poderão deixar seu lugar para ficarem grávidas; as mulheres têm dificuldades de voltar à profissão depois de terem dado à luz devido às providências para o cuidado adequado da criança; ou as mulheres têm dificuldade de se estabelecer como parte de uma equipe científica porque elas têm obrigações familiares que evitam que fiquem no laboratório as horas necessárias. Um relatório recente da União Europeia abordou o assunto da seguinte forma:

> As razões para o desequilíbrio são muitas. Certas áreas são consideradas a propriedade dos homens e, portanto, a parcialidade de gênero afeta os julgamentos de excelência científica. As indústrias e a academia também são relutantes em contratar mulheres porque elas não são vistas como flexíveis o suficiente. Os empregadores também temem que as mulheres possam escolher abandonar sua carreira e começar uma família.[2]

Não importa quão deplorável essa situação seja (e ela tem certas consequências práticas – a carência de cientistas mulheres é apontada como uma das razões para a Comunidade Europeia ter dificuldades de alcançar sua meta de se tornar "uma das economias, baseada no conhecimento, mais competitivas no mundo"), nossa resposta para a questão "isso solapa a objetividade da ciência?" é certamente "não". Pode ser improdutivo e ineficiente, mas a existência de uma parcialidade de gênero dessa espécie não oferece razões para pensar que o conteúdo das teorias ou a condução dos experimentos científicos seja de alguma maneira afetado.

A parcialidade de gênero pode determinar *o que* a ciência investiga

Isso não é somente a sugestão de que certos tópicos científicos poderão ser considerados "coisa de mulher" (embora este possa muito bem ser o caso), mas que a alocação de recursos, tanto humanos quanto financeiros, pode ser determinada, ou ao menos influenciada, por considerações de gênero. Desse modo, tome-se, por exemplo, o caso da contracepção: em geral, tem sido o caso por muitos anos, já que o grosso da pesquisa sobre técnicas contraceptivas, de instrumentos, drogas, etc., tem-se centrado no âmbito feminino. A pílula feminina de controle da gravidez foi introduzida no início dos anos 1960, mas uma pílula contraceptiva "fácil de usar" para homens foi desenvolvida apenas recentemente e só agora (2006) é que se está tornando ela disponível no Sistema de Saúde do Reino Unido. Em geral, dos 13 métodos contraceptivos à disposição atualmente, apenas 3 são direcionados aos homens; todos os outros deixam a responsabilidade para a mulher.

Compare-se o desenvolvimento tanto da pílula feminina quando da masculina com o desenvolvimento do Viagra e de outros medicamentos que se voltam para o problema da disfunção erétil. As companhias farmacêuticas estavam relutantes em desenvolver e comercializar a pílula contraceptiva feminina – em primeiro lugar, por causa das leis restritivas do controle de natalidade da época –, enquanto o Viagra foi desenvolvido e ativamente comercializado comparativamente muito rápido. Também se tem afirmado que a maneira como os efeitos colaterais dessas duas drogas têm sido divulgados e tratados é indicativo de alguma forma de parcialidade de gênero. Assim, relatórios amplamente divulgados de mortes conduziram a pedidos para que a pílula fosse proibida nos Estados Unidos, enquanto as mortalidades associadas ao Viagra não chegaram às manchetes. Por outro lado, também foi sugerido que os problemas de saúde como ataques e outros associados a altas doses da pílula feminina não foram tratados pelos médicos. Foram necessários anos de campanha e pressão para que uma versão de baixa dosagem da pílula fosse desenvolvida. Portanto, nem sempre está claro em que aspectos a parcialidade de gênero manifesta-se.

Contudo, o que é visto como uma parcialidade de gênero inerente aos serviços de planejamento familiar é normalmente o alvo de críticas de grupos da saúde da mulher que assinalam que as mulheres carregam o peso do uso dos contraceptivos, em grande parte por causa dessa parcialidade. Entretanto, se uma campanha de amplo alcance é realizada, cobrindo assuntos como riscos à saúde, efeitos colaterais, eficácia e, é evidente, conveniência, então a contracepção voltada aos homens, tais como o uso de preservativos e a vasectomia, seriam bem posicionados e aliviariam o fardo das mulheres.

Precisamos fazer outra vez a pergunta: isso solapa a objetividade da ciência? Não. Não importa quão desconfortáveis possamos estar tanto com o assunto quanto com o que descobrimos, esse parece ser um outro caso em que os fatores sociais constrangem a ciência que é feita, mas essa ciência ainda é feita de maneira objetiva.

A parcialidade de gênero pode determinar *como* a ciência investiga

Avancemos e comecemos a considerar como a objetividade pode ser ameaçada. Consideremos a afirmação, por exemplo, de que "virtualmente tudo da pesquisa sobre o aprendizado animal, feita com ratos, foi feita com ratos machos". Primeiramente, isso pode ser visto como reflexo de uma atitude de que o macho é a norma, extensiva a outras espécies, a fêmea é vista como um desvio dessa norma. Contudo, em segundo lugar, podem surgir preocupações a respeito da extrapolação desses experimentos para humanos – e, em particular, as mulheres. Você poderá ter essas preocupações de qualquer maneira e como vimos brevemente em outro capítulo, a experimentação em animais foi criticada em função de que as diferenças nas fisiologias, por exemplo, bloqueiam qualquer extrapolação. Mas outras preocupações podem surgir com relação à legitimidade de se extrapolar de experimentos realizados com os machos de uma espécie para os humanos, tanto homens quanto mulheres.

Consideremos o exemplo da pesquisa sobre ataques (em que o dano pode resultar da interrupção do suprimento de sangue para certas partes do cérebro): é bem sabido que há inúmeras diferenças relacionadas a gênero em relação ao mecanismo dos ataques e do seu impacto. Essas diferenças têm relações importantes com a capacidade de resposta do paciente a várias formas de tratamento e, portanto, podem afetar seriamente a capacidade de sobrevivência, recuperação e a subsequente qualidade de vida. Contudo, a maioria dos animais usados na pesquisa sobre os ataques são machos, e os resultados são muitas vezes extrapolados para as mulheres, não importando as diferenças entre eles. É claro que os pesquisadores envolvidos podem insistir que não há qualquer parcialidade de gênero no caso; eles poderão argumentar que os ratos machos são melhores de lidar, por exemplo, não ficam grávidos e não estão sujeitos às mesmas mudanças hormonais. Mas isso simplesmente reforça o mesmo ponto: modelos masculinos não-representativos são usados para conduzir a pesquisa científica que se espera aplicar-se às mulheres. O que se precisa são modelos específicos às fêmeas.

Ou consideremos a pesquisa sobre a doença cardiovascular em geral (isso inclui doenças coronárias, ataques e outras doenças cardiovasculares). Durante muitos anos, essa foi considerada como uma doença primariamente orientada para os homens, e apenas recentemente é que cresceu a consciência de que é um dos principais assuntos para a saúde da mulher também. Cerca de 39% de todas as mortes de mulheres nos Estados Unidos são devidas à doença cardiovascular, e em 2003 quase o dobro de mulheres morreram devido a ela do que a *todos os tipos de câncer combinados*. No Reino Unido, a doença coronária causa mais de 117 mil mortes por ano, com aproximadamente uma em cinco mortes entre os homens, e uma em seis mortes entre as mulheres.

Apesar disso, a pesquisa sobre a doença cardiovascular tende fortemente para os assuntos masculinos e para as preocupações masculinas. Assim, um estudo no *Journal of the American Medical Association* de 1992 descobriu que as mulheres eram excluídas de 80% dos testes para infartos agudos do miocárdio, mais comumente conhecido como ataques do coração. O relatório concluiu que os resultados dos testes não podiam ser generalizados para a população de pacientes femininos. Além disso, ao se considerar o tratamento da doença, as doses das drogas ministradas a homens e mulheres com doenças do coração eram muitas vezes baseadas em estudos de homens de meia-idade, mesmo que se saiba que as mulheres em geral sofrem de doenças cardiovasculares em uma idade na média superior à dos homens, que as mulheres têm uma média de massa corporal inferior à dos homens e que os hormônios masculino e feminino são obviamente diferentes – e tudo isso pode afetar as concentrações da droga, sua eficácia e seus efeitos colaterais. E, por fim, a pesquisa dos últimos 20 anos, mais ou menos, tem demonstrado os efeitos benéficos da aspirina como um medicamento preventivo, mas as mulheres foram excluídas de todos os primeiros grandes estudos desse efeito. Mais recentemente, pesquisas em grande escala, na forma de um Estudo da Saúde da Mulher nos Estados Unidos, mostrou que o uso regular de uma baixa dose de aspirina reduz o risco de ataque em 17%, mas que não reduziu os ataques cardíacos ou as mortes cardiovasculares entre as mulheres.

Aqui podemos ficar bastante preocupados com a objetividade da ciência. Se as teorias sobre, por exemplo, a eficácia da aspirina para a prevenção de doenças cardiovasculares são tomadas como se aplicando tanto a homens quanto a mulheres, mas a evidência que as justifica é obtida de estudos dos quais as mulheres estão excluídas, então parece que há uma clara parcialidade quanto às evidências apresentadas. É claro que a parcialidade pode ser, como parece que foi, corrigida, com as mulheres sendo posteriormente incluídas nos estudos, e alguém poderia argumentar que a objetividade foi restaurada. Vejamos agora os casos nos quais se solapa a objetividade de uma maneira aparentemente muito mais grave e a possibilidade de correção é muito mais difícil.

A parcialidade de gênero pode determinar o *conteúdo* das crenças científicas

Essa parece ser, à primeira vista, uma afirmação radical. Não se está sugerindo apenas que as evidências podem ser canalizadas, como nos casos mencionados, mas que o *conteúdo* efetivo das teorias científicas, o que elas supostamente dizem sobre o mundo, pode ter parcialidade de gênero.

Consideremos um exemplo que poderá tornar tal afirmação plausível. Ele é tomado da área da primatologia, o estudo de primatas não-humanos. Colocando as coisas de uma maneira um pouco grosseira, a história é a seguinte: nos anos 1930, 1940 e 1950, os primatologistas foram para as selvas, observaram saguis e macacos e vieram com a teoria sobre o comportamento deles que enfatizava o domínio dos machos e a subserviência das fêmeas, o que tanto se adaptava quanto dava apoio às crenças sobre o papel das mulheres na sociedade "ocidental". Seguindo o aumento das mulheres graduadas em universidades nos anos 1960 e 1970, as primatologistas mulheres foram para essas mesmas florestas, também observaram os saguis e os macacos, mas voltaram com observações muito diferentes, dando apoio para teorias muito diferentes. Assim, enquanto os primatologistas homens tinham retratado os grupos de primatas como consistindo basicamente de um macho dominante e de seu "harém" de fêmeas submissas e prestaram especial atenção ao comportamento agressivo dos machos, as mulheres cientistas redescreveram isso em termos das vantagens de procriação para as fêmeas primatas, de acordo com os quais os machos são simplesmente um recurso que as fêmeas podem usar para avançar a sua existência e da sua prole. Dessa perspectiva, o grupo somente precisava de um macho porque sua função era a de fencundá-las. Até mesmo a linguagem é alterada, com "harém" e suas associações históricas, sendo substituída por uma expressão mais neutra, a saber: "um bando de animais de um só macho".[3]

As mulheres cientistas não só questionaram as teorias desenvolvidas pelos primatologistas homens (e a maneira como eles estavam acostumados a elogiar os habituais estereótipos das relações macho-fêmea e de seus comportamentos), mas também criticaram as técnicas de observação utilizadas, tais como os métodos de amostragem, que eram demasiadamente centrados no macho. Elas ainda sujeitaram o trabalho de campo tradicional a uma análise crítica e questionaram as extrapolações que foram feitas tanto para o comportamento humano quanto para o de outros primatas. No final dos anos 1920 e 1930, por exemplo, Solly Zusckerman (que depois se tornou o principal conselheiro científico do governo britânico) realizou um estudo amplamente divulgado dos babuínos hamadryas confinados, nos quais ele observou uma enorme violência masculina, com os machos babuínos atacando e matando uns aos outros em grandes quantidades. Isso reforçou a visão dos grupos primatas como envolvidos em conflitos de vida ou morte pela dominância masculina, novamente com as usuais extrapolações para a sociedade humana.

Entretanto, o estudo foi posteriormente criticado por sua parcialidade e pelas condições não-realistas em que os babuínos eram mantidos. Foi observado que eles estavam agrupados em número excessivo e com uma relação macho-fêmea muito diferente daquela que prevaleceria na selva. Além disso, fêmeas de babuínos hamadryas estão entre as mais submissas e mais desiguais quanto ao gênero entre todos os primatas. Junto com o influxo das primatologistas mulheres na área, essas críticas fizeram a atenção passar para outros primatas que mostraram padrões de comportamento e estruturas de "bando" muito diferentes, em muitas das quais as fêmeas detinham o controle social.

Aqui nós vemos, então, como a parcialidade de gênero se insinuou nas observações feitas, nas conclusões extraídas, nas questões levantadas e, por conseguinte, no conteúdo das teorias produzidas. Isso solapa a objetividade da ciência? Parece que sim, e eis um outro exemplo.

ESTUDO DE CASO: PARCIALIDADE DE GÊNERO NA PALEOANTROPOLOGIA

A paleoantropologia é o estudo dos seres humanos fossilizados. Os primeiros hominídeos viveram nas savanas africanas ao menos 3,4 milhões de anos atrás. Eles eram mais ou menos do tamanho dos chimpanzés modernos, mas tinham cérebros um pouco maiores e caminhavam eretos. Argumentou-se que o conteúdo das teorias sobre o início da evolução hominídea foi determinado por certas pressuposições parciais quanto ao gênero. Examinemos esse argumento mais de perto.

Primeiramente, consideremos os fenômenos que a teoria da evolução dos hominídeos tenta explicar. Há pelo menos três desenvolvimentos que são considerados cruciais para o desenvolvimento evolucionário dos nossos primeiros ancestrais. São eles:

1. um espaço cranial aumentado (a presença de cérebros maiores);
2. uso de instrumentos (o desenvolvimento e uso de instrumentos de pedra);
3. bipedalismo (a mudança de caminhar sobre os quatro membros para as duas pernas).

Duas teorias que receberam as alcunhas de "Homem, o caçador" e "Mulher, a coletora" foram apresentadas e oferecem explicações contrastantes desses fenômenos.

Teoria 1: Homem, o caçador

A ideia central aqui é que caçar era a força motora por trás da evolução humana: "A biologia, a psicologia e os costumes que nos separam dos macacos – devemos tudo isso aos caçadores dos tempos idos... para esses que querem entender a origem do comportamento humano, não resta escolha senão entender "Homem, o caçador".[4] Ora, não podemos voltar no tempo e observar a sociedade hominídea para determinar se foi realmente caçar que levou ao desenvolvimento descrito. Desse modo, uma metodologia diferente tem de ser escolhida e o que os cientistas fazem é tentar relacionar as sociedades caçadoras-coletoras contemporâneas e os primatas selvagens e as evidências fósseis.

Com base nessa visão, as seguintes explicações podem ser construídas:

1. As exigências da caça conduziram ao desenvolvimento da comunicação e à interação estreita entre os membros de um grupo de caça, e isso favoreceu o desenvolvimento de cérebros maiores.

2. A caça e a posterior retaliação da presa levaram ao desenvolvimento e ao uso de instrumentos de pedras.
3. A caça e o uso de ferramentas conduziram a uma pressão seletiva para livrar as mãos, e isso levou ao bipedalismo.

A conclusão, então, é que a teoria "Homem, o caçador", explica muito bem esses marcos evolucionários cruciais. Notemos a pressuposição principal de que a mudança de comportamento de um sexo (masculino) constitui a estratégia adaptativa centralmente importante para a evolução dos primeiros hominídeos. Apresentamos outra vez a nossa questão: este é um exemplo de parcialidade de gênero? Consideremos a segunda alternativa.

Teoria 2: **Mulher, a coletora**

A visão anterior da evolução humana como devida ao comportamento de uma metade da espécie foi fortemente criticada pelas paleantropólogas mulheres:

> Então, enquanto os homens estavam fora caçando, desenvolvendo todas as suas habilidades, aprendendo a cooperar, inventando a linguagem, inventando a arte, criando ferramentas e armas, as pobres mulheres dependentes estavam sentadas em casa, tendo uma criança após a outra e esperando que os homens trouxessem para casa o *bacon*. Embora essa reconstrução seja engenhosa, ela decididamente causa a impressão de que apenas uma metade da espécie – a metade masculina – fez qualquer evolução. Além de conter uma série de lacunas lógicas, o argumento torna-se um tanto dúbio à luz do conhecimento moderno da genética e do comportamento dos primatas.[5]

A visão alternativa "Mulher, a coletora" adota a ideia central de que *coletar* foi a força motriz da evolução humana. A metodologia é basicamente a mesma, isto é, a divisão do trabalho entre o homem caçador e a mulher coletora é aceita, mas o peso evolucionário é passado de uma para o outro.

As explicações para as mudanças de desenvolvimento cruciais são agora bem diferentes:

1. As exigências de coletar, encontrar, identificar e apanhar as frutas, nozes, etc., levaram ao desenvolvimento da cooperação e da organização social e isso, por sua vez, iniciou o desenvolvimento de cérebros maiores.
2. A coleta e a abertura de nozes, sementes, etc., levou ao desenvolvimento e ao uso de ferramentas de pedra.

3. A coleta e o uso de ferramentas levou à pressão seletiva para livrar as mãos e, portanto, ao bipedalismo.

A conclusão, então, é que a teoria "Mulher, a coletora" também explica muito bem os diversos marcos evolucionários. Notemos a pressuposição comum em ambas as teorias, a saber: as sociedades contemporâneas de caçadores e coletores e de macacos e saguis são consideravelmente similares aos primeiros hominídeos. Já vimos que a última parte dessa pressuposição pode ser questionada, como o caso dos babuínos hamadryas sugere que eles não são um modelo apropriado para o primeiros hominídeos. De modo semelhante, diferentes variedades de chimpanzés mostram comportamentos sociais radicalmente diferentes, e não está claro em qual medida esse comportamento pode ser extrapolado para trás no tempo e através das espécies.

Então, o que temos aqui é um outro bom exemplo de uma subdeterminação das teorias pelos dados: "qualquer reconstrução séria do passado precisa 'se encaixar' em um corpo crescente de dados sobre os macacos vivos e as pessoas coletoras e caçadoras, de registros fósseis sobre os hominídeos, de relações genéticas entre as espécies vivas, e também com os conceitos da biologia evolucionária".[6] O problema é que ambas as teorias "se encaixam" com os dados!

O que se pode dizer dos demais dados que podem romper a subdeterminação? Recentemente, uma pesquisa interessante tem examinado os padrões das marcas por ferramentas nos ossos de animais e ela sugere que os primeiros hominídeos eram de fato carniceiros em vez de caçadores.[7] Em comparação com os atuais humanos carniceiros (lembrem-se da metodologia anterior), os cientistas concluíram que o suprimento de carne não teria sido suficiente para a manutenção – e isso tem minado a teoria "Homem, o caçador" e apoiado a teoria "Mulher, a coletora". Não significa que a caça não desempenhou *nenhum* papel na evolução humana, e talvez alguma combinação das duas teorias seja o caminho para frente.

Como devemos responder a essa situação?

REAÇÕES FEMINISTAS

Alguns comentadores feministas têm argumentado que o que a demonstração mencionada demonstra é que *todo* o "conteúdo" das teorias tem gênero e que não há uma maneira "objetiva" de selecionar uma teoria em detrimento de outra. A própria objetividade nada mais é do que um ideal masculino e deveria ser rejeitada. A aceitação da teoria é relativa ao contexto social, e os fatores sociais precisam ser reconhecidos como condutores da escolha da teoria. Essa é uma visão bastante radical, que dá lugar a uma série de problemas.

O primeiro problema é que, ela obviamente adota uma forma de relativismo, como discutimos no capítulo anterior. Mas este se torna um movimento perigoso se alguém é um ou uma feminista esperando *mudar* o modo como a ciência é conduzida, pois anula a potencialidade de qualquer mudança. Ora, um cientista homem (não feminista) poderia simplesmente insistir que ele escolhe a teoria "Homem, o caçador" porque se encaixa melhor com o seu contexto social e que não há nenhum outro fator ao qual o feminista ou a feminista poderiam apelar a fim de persuadi-lo de uma outra maneira. Mesmo que a evidência seja parcial quanto ao gênero, como ela pode ser usada para apoiar a escolha de uma teoria em detrimento de outra? O problema, então, é que o relativismo associado a essa visão radical pode solapar os objetivos sociais e políticos mais amplos do ou da feminista.

O segundo problema tem a ver com a plausibilidade da parcialidade quando ela se aplica a teorias para além da antropologia e da primatologia, em que algum elemento subjetivo na observação pode ser inevitável. Mesmo que as teorias sobre a evolução dos primeiros hominídeos, por exemplo, estejam sujeitas à parcialidade de gênero, isso não significa que *todas* as teorias estão, tais como as teorias na química, na engenharia e na física. Quando se trata da última, as afirmações de parcialidade de gênero parecem bem mais fracas. Aqui não há qualquer porta subjetiva através da qual tal parcialidade pudesse entrar, seja no nível das observações, seja no nível da teoria. Consideremos a Teoria Geral da Relatividade, por exemplo: em que sentido se pode dizer que ela é parcial quanto ao gênero? É claro que foi desenvolvida e elaborada por um homem (e houve afirmações de que o seu trabalho anterior sobre a Teoria Especial da Relatividade deveu mais à colaboração de sua mulher do que havia sido reconhecido; afirmações que foram posteriormente rejeitadas), mas não parece que a masculinidade de Einstein afete de alguma maneira o conteúdo da teoria ou a sua confirmação experimental. Algumas vezes são feitas acusações de que a *interpretação* da teoria quântica é de certo modo inerentemente parcial quanto ao gênero, ou que a atitude reducionista que é com frequência associada a ela (no sentido de que a ligação química é explicada em termos da física quântica e que, portanto, a química pode ser considerada reduzida à física) é o produto de uma sociedade organizada para os homens, mas essas já são bem fracas!

Uma visão menos radical é admitir que *algum* conteúdo das teorias é parcial quanto ao gênero e que um exame da ciência (como no estudo de caso anterior) pode revelar essa parcialidade ao expor as pressuposições de base da comunidade relevante. Essas pressuposições são tipicamente "invisíveis" para aquela comunidade e, assim, precisamos de perspectivas alternativas a fim de expô-las e criticá-las. Helen Longino, uma famosa filósofa da ciência que é feminista, argumenta o seguinte:

> Quanto maior for o número de diferentes pontos de vista incluídos em dada comunidade, maiores serão as chances de que a sua prática científica seja objetiva, isto é, que ela resulte em descrições e explicações de processos naturais que são mais confiáveis no sentido de menos caracterizáveis por preferências subjetivas idiossincráticas dos membros da comunidade, do que aconteceria de outro modo.[8]

Desse modo, a ideia é que, se diferentes comunidades tiverem de responder umas às outras, a parcialidade será erradicada. É claro que há um problema quando certa comunidade se recusa até mesmo a reconhecer a parcialidade, pois daí a pouco se poderá fazer o mesmo em termos de erradicação. O que se exige, insiste a feminista mais radical, é alguma forma de "consciência de oposição", através da qual a atividade política feminista seja chamada a desafiar a parcialidade de gênero no âmbito da ciência.

Além disso, a questão óbvia a se fazer é: qual é o sentido de "objetivo" na citação anterior? Se por "objetivo" queremos dizer que a prática científica é independente do seu contexto social, então estamos de volta à visão tradicional. Se, por outro lado, o que é "objetivo" é compreendido como relativo a uma dada comunidade, então estamos de volta a uma forma de relativismo. Talvez, então, não haja um meio-termo e sejamos simplesmente forçados a escolher uma compreensão em detrimento da outra.

CONCLUSÃO

Este parece ser um ponto tão bom quanto qualquer outro para dar um fecho a essa discussão, e não só em relação ao capítulo presente, mas para o livro como um todo. Espero que o leitor possa ver que as considerações sobre a parcialidade de gênero são as manifestações conclusivas de um tema que perpassou todo o livro, que tem a ver com a objetividade e a racionalidade da ciência. Começamos com o processo de descoberta, e eu tentei articular uma concepção alternativa em relação à imagem tradicional – muitas vezes elaborada pelos próprios cientistas – de que as sacadas científicas são iluminadas quando a lâmpada se acende, uma concepção que enfatiza que o aspecto racional por trás das descobertas está representado nos movimentos heurísticos que são feitos. Essa visão foi seguida até o "domínio" da justificação, onde eu segui os filósofos da ciência que têm sugerido que uma forma de objetividade pode ser *alcançada* (notemos a ênfase) mesmo em face da aparente perda de segurança da "base observacional" que sustenta o processo de teste. Então, consideramos os assuntos que circundam o relacionamento entres as teorias e o mundo, antes de enfrentarmos aquelas visões da ciência que sustentam que o relacionamento é efetivamente entre as teorias, ou a ciência em geral, e o seu contexto sociopolítico-econômico.

Reconheço que eu não ofereci respostas definitivas aos argumentos dos relativistas ou dos contextualistas sociais, ou mesmo talvez algo que fosse minimamente adequado como resposta, mas espero ter esboçado os temas centrais envolvidos e dado alguma indicação de sua complexidade. As coisas não são "preto no branco" aqui e nem deviam ser; a ciência é multifacetada e, se eu o convenci disso, e também que vale a pena compreendê-la em toda a sua nuançada complexidade, então o meu trabalho foi feito!

EXERCÍCIO DE ESTUDO 4: CIÊNCIA E GÊNEROS

Dê uma olhada no seu jornal diário, ou numa revista, e mesmo dê uma navegada na internet e veja se você pode encontrar um exemplo de parcialidade de gênero na ciência. Pode ser algo como um relatório de baixo recrutamento de cientistas mulheres, ou sobre as imagens estereotipadas quanto ao gênero dos cientistas, ou sobre como certas parcialidades de gênero podem permear o trabalho dos cientistas. Agora considere a seguinte questão:

Os seus exemplos de parcialidade de gênero solapam a objetividade da ciência?

Tente classificar os seus exemplos em termos de quão fortemente eles ameaçam a objetividade da ciência.

Agora considere os seguintes dois casos:

1. A descoberta científica tem sido comparada a "colocar a natureza na cama de tortura e extrair à força as respostas dela". Você concorda com isso? Essa visão geral pode ser contrastada com a visão de Barbara McClintock, que realizou importantes trabalhos sobre a mobilidade de genes dentro dos cromossomos. Ela afirmou que a descoberta é facilitada ao se tornar "parte do sistema", em permanecer fora dele, e que "precisamos ter um *feeling* pelo organismo". A pesquisa de McClintock conduziu à substituição de uma visão hierárquica do DNA, na qual há um "controle superior", em favor de uma visão mais holística, mais "organística", de acordo com a qual o controle reside nas complexas interações do sistema todo.

Pense de novo em nossas discussões sobre a *descoberta* científica. Você acredita que as posições que consideramos estavam de algum modo sujeitas à parcialidade de gênero? Você pensa que elas poderiam ter sido baseadas na ideia de "colocar a natureza na cama de tortura"? Se você acredita que foram, isso solapa a objetividade da ciência? Se você acredita que não foram, como a visão de McClintock da descoberta pode ser acomodada na perspectiva considerada?

> 2. Um primatologista homem vai para a floresta nos anos 1950 e observa um grupo de chimpanzés. A seguir, ele escreve um relatório com as suas observações, que conclui que o grupo tem uma estrutura dominada pelo macho e é hierárquica, na qual os chimpanzés machos – liderados por um "macho alfa" – realizam todas as caças e as lutas, enquanto as fêmeas basicamente cuidam das crias. Trinta anos depois, uma primatologista mulher vai à mesma floresta e também observa um grupo de chimpanzés. Ela relata que as chimpanzés fêmeas de fato comandavam o grupo, escolhendo quando comer e quando preparar os ninhos, administrando a agressividade dos machos, resolvendo disputas e escolhendo com quem copular, e assim por diante.

Você pensa que isso sugere que o que alguém *observa* pode ser parcial quanto ao gênero? Se não, como podem ser explicadas as diferenças descritas? Se sim, você pensa que tal parcialidade se estende das ciências "moles", como a primatologia, às ciências "duras", como a física? (Você considera que usar termos como "mole" e "dura" sugere alguma parcialidade quanto ao gênero? Se você é um estudante da ciência, você pensa que a *sua* ciência é "mole" ou "dura"?)

Se a *observação* está sujeita à parcialidade de gênero, isso solapa a objetividade da ciência?

Pode restar ainda alguma forma de objetividade científica à luz dessas considerações?

NOTAS

1. Ver http://ec.europa.eu/research/headlines/news/article_06_09_08_en.html.
2. Ver www.euractiv.com/en/science/women-science/article-143887.
3. A explicação clássica dessa mudança é dada em *Primate Visions: Gender, race and nature in the world of modern science*, por Donna Haraway (Routledge, 1989). Discussões mais recentes podem ser encontradas em Shirley C. Strum e Linda Marie Fedigan (eds.), *Primate Encounters: Models of Science, Gender, and Society*, University of Chicago, 2000.
4. S.L. Washburn e C.S. Lancaster, "The Evolution of Hunting", in *Man the Hunter*, R.B. Lee e I. DeVore (eds.), Aldine Press, 1968.

5. S. Slocum, "Woman the Gatherer: Male Bias in Anthropology", in *Toward an Anthropology of Women*, R.R. Reiter (ed.), Monthly Review Press, 1975, p. 42.
6. A. Zihlman, "Women as Shapers of Human Adaptation", in *Woman the Gatherer*, F. Dahlberd (ed.), Yale University Press, 1981.
7. Ver "Man's early hunting role in doubt", *New Scientist*, janeiro 2003.
8. H.E. Longino, *Science as Social Knowledge: Values and Objectivity in Scientific Inquiry*, Princeton University Press, p. 80.

APÊNDICE

Onde estivemos e para onde vamos para mais

Em meus cursos introdutórios, apresento os tópicos em termos de questões e respostas. E, no final, ofereço um pequeno resumo na forma de um guia de revisão com perguntas e respostas. Pensei, então, em reproduzir isso aqui, junto com uma bibliografia de leituras adicionais da filosofia da ciência.

DESCOBERTA

P: A descoberta científica é irracional ou subjetiva?
R1: Sim, de acordo com a visão "eureca" (mas não há problemas se fizermos a distinção descoberta-justificação).
R2: Não, de acordo com a visão indutiva (mas há mais na descoberta que observação).
R3: Não, de acordo com a visão "heurística" (há movimentos racionais por trás da descoberta).

JUSTIFICAÇÃO

P: Como as teorias científicas são objetivamente justificadas?
R1: Através da observação (problema: há mais em relação a ver do que o que chega aos olhos).
R2: Através de um processo complexo de observações, intervenções, etc. (a objetividade é uma conquista).
P: Qual é a natureza dessa relação?
R1: As observações verificam as teorias (problemas: Quais partes? E quanto?).

R2: As observações falsificam as teorias (problemas: Quais partes? As teorias nascem falsificadas).
R3: Trata-se de um processo complexo de verificação e falsificação, no qual as teorias e as observações são postas em contato de várias maneiras, incluindo os *modelos*.

REALISMO

P: O que nos dizem as teorias sobre o mundo (objetivo)?
R1: As teorias dizem como o mundo *é* (realismo padrão).
As teorias informam sobre as entidades (realismo de entidades).
As teorias informam sobre as estruturas (realismo estrutural).
R2: As teorias informam sobre como o mundo *poderia ser* (empirismo construtivo).

INDEPENDÊNCIA

P: A ciência é independente do seu contexto social?
R1: É claro que não! (trivial – não é uma ameaça à objetividade).
A ciência é *dependente* do contexto social.
R2: É claro que não! (não-trivial – solapa a objetividade).
A ciência é *determinada* pelo contexto social.
Isso conduz ao relativismo (de gênero, classe, raça, cultura, etc.).
E uma terceira resposta para as perguntas sob o realismo:
As teorias informam sobre as condições sociais sob as quais elas são construídas (construtivismo social).

Leitura complementar

Os textos a seguir são introdutórios e oferecem perspectivas – em alguns casos sobrepostos a outros, complementares – à perspectiva que ofereci neste livro:

Bird, *Philosophy of Science*, UCL Press, McGill-Queen's University Press, 1998.
A.F. Chalmers, *What Is This Thing Called Science?*, 3. ed., Open University Press, 1999.
D. Gillies, *Philosophy of Science in the Twentieth Century: Four Central Themes*, Blackwell, 1993.
P. Godfrey-Smith, *Theory and Reality: An Introduction to the Philosophy of Science*, University of Chicago Press, 2003.
I. Hacking, *Representing and Intervening: Introductory Topics in the Philosophy of Science*, Cambridge University Press, 1983.
R. Klee, *Introduction to the Philosophy of Science: Cutting Nature at its Seams*, Oxford University Press, 1997.
J. Ladyman, *Understanding Philosophy of Science*, Routledge, 2002.
J. Losee, *A Historical Introduction to the Philosophy of Science*, Oxford University Press, 1998.
S. Okasha, *Philosophy of Science: a Very Short Introduction*, Oxford University Press, 2002.
S. Psillos, *Philosophy of Science from A to Z*, Edinburgh University Press, 2007.

Os textos a seguir são coletâneas de artigos – alguns clássicos, alguns contemporâneos – em geral mais avançados:

Y. Balashov e A. Rosenberg, *Philosophy of Science: Contemporary Readings*, Routledge, 2002.
R. Boyd, P. Gasper, e J.D. Trout (eds.), *The Philosophy of Science*, Blackwell, 1991.
M. Curd e J.A. Cover (eds.), *Philosophy of Science: The Central Issues*, W.W. Norton & Company, 1998.

E. Klemke et. al. (eds.), *Introductory Readings in The Philosophy of Science*, Prometheus Books, 1998.

M. Lange, *Philosophy of Science: An Anthology*, Blackwell, 2006.

P. Machamer (ed.), *Blackwells Guide to the Philosophy of Science*, Blackwell, 2002.

W.H. Newton-Smith (ed.), *A Companion to the Philosophy of Science*, Blackwell, 2001.

D. Papineau (ed.), *The Philosophy of Science*, Oxford University Press, 1996.

A. Rosenberg, *Philosophy of Science: A Contemporary Introduction*, Routledge, 2000.

S. Psillos e M. Curd (eds.), *Routledge Companion to the Philosphy of Science*, Routledge, 2007.

M.H. Salmon et.al., *Introduction to the Philosophy of Science: A Text By Members of the Department of the History and Philosophy of Science of the University of Pittsburgh*, Hackett Publishing Company, 1999.